청교도에게 배우는

경건

루이스 베일리 지음

조계광, 안보헌 옮김

The practice of piety
by Lewis Bayly

This Korean edition ⓒ 2002, 2012 by Word of Life Press, Seoul, Korea
All rights reserved.
Printed in Korea.

청교도에게 배우는 *경건*

ⓒ 생명의말씀사 2002, 2012

2002년 4월 15일 1판 1쇄 발행
2012년 9월 28일 2판 1쇄 발행
2024년 3월 20일　　　8쇄 발행

펴낸이 | 김창영
펴낸곳 | 생명의말씀사

등록 | 1962. 1. 10. No.300-1962-1
주소 | 서울시 종로구 경희궁1길 6 (03176)
전화 | 02)738-6555(본사)·02)3159-7979(영업)
팩스 | 02)739-3824(본사)·080-022-8585(영업)

기획편집 | 유선영, 홍경민
디자인 | 최윤창
인쇄 | 영진문원
제본 | 다온바인텍

ISBN 978-89-04-15999-4 (04230)
　　　978-89-04-00161-3 (세트)

저작권자의 허락없이 이 책의 일부 또는 전체를
무단 복제, 전재, 발췌하면 저작권법에 의해 처벌을 받습니다.

청교도에게 배우는

경건

루이스 베일리 지음
조계광, 안보헌 옮김

생명의말씀사

The Practice of Piety

『청교도에게 배우는 경건』과 루이스 베일리

이 책은 경건 생활에 관한 최고의 고전이라 할 수 있는 루이스 베일리의 원저(*The Practice of Piety*) 중 일부를 발췌하여 번역한 것입니다.

17-18세기에 『천로역정』 다음으로 가장 많이 읽힌 이 책은 본래 베일리가 그의 사역 초기인 1611년경 경건에 관해 설교한 내용을 모아 소책자로 엮은 것이었습니다. 곧 이 책은 잉글랜드의 베스트셀러가 되어 집집마다 한 권씩 소장하고 있는 책, 글을 읽을 줄 아는 사람이면 누구나 손에 든 책이 되었습니다. 『천로역정』의 저자 존 번연도 아내가 지니고 있던 이 책을 숙독함으로써 영적 생활을 시작하는 데 큰 도움을 받았다고 합니다.

1612년에 증보판으로 재판되었고, 1643년에는 43판(영어판)이 인쇄되었으며, 그 후에도 수십 판이 거듭 출판되었습니다. 1842년에는 저자의 전기를 곁들여 출판했으며, 여러 세기에 걸쳐 덴마크어, 프랑스어, 독일어, 폴란드어 등 대부분의 유럽어로 번역 출판될 정도로 사랑을 받았습니다.

프랑스에서는 사람들이 이 책을 성경의 권위와 거의 동일시하는 현상에 대해 우려하는 목소리가 나올 만큼 개신교도들에게 큰 호평을 받았습니다. 아울러 잉글랜드에서는 거의 모든 사람이 이 책을 읽게 되자 금서로 지정했을 뿐 아니라 아예 출판하지 못하도록 막기 위해 그 문제를 의회에서 논의했고, 사람들에게 "주머니에 성경을 넣고 다니시오"라는 명령을 내릴 정도였다고 합니다.

영국 웨일스의 카마르덴 태생으로 옥스퍼드 엑서터 대학에서 신학박사 학위를 취득한 루이스 베일리는 1611년 잉글랜드 우스터셔의 이브셤에서 성공회 사제가 되었습니다. 그는 설교가로서의 명성과 함께 이 책으로 유명해지는 바람에 영국 왕의 법정 계승자인 헨리 왕자와 영국 왕 제임스 1세의 전속 사제 자리까지 올랐습니다. 1616년 12월 8일, 뱅거의 주교로 선임된 그는 1631년 10월, 슬하에 네 아들을 두고 사망하기까지 그곳에서 봉직했습니다.

베일리는 청교도적 신념 때문에 자신의 교구로부터 자주 수난을 당했고, 왕실의 미움을 사 투옥되기까지 했습니다. 그는 청교도에 속한 사람들로부터도 핍박을 받았는데, 청교도적 경건에 관해 쓰인 이 책의 명성이 워낙 컸기 때문이었습니다.

거룩한 삶을 추구하는 경건에 대한 실제적인 지침들로 가득 찬 이 책은 하나님의 본질, 위격 및 속성에 관한 평이한 묘사로부터 시작해 경건의 이유, 경건의 여건, 경건의 목적들에 관해 기술하고 있습니다.

여기서 베일리는 인간의 운명이 두 갈래로 나누어지는 것에 초점을 맞추었습니다. 즉 우리 모두는 멸망으로 인도하는 넓은 길을 가고 있든지, 아니면 하나님의 은혜 가운데 영생으로 인도하는 좁은 길을 가고 있든지 둘 중 하나라는 것입니다. 그는 비참한 인간의 상태를 아주 생생하게 묘사하며, 거듭나지 않은 채 죽은 자들을 위해 예비된 "밑 없는 불구덩이"인 지옥의 참담한 광경과 그와 완전히 대조되는 천국의 말할 수 없는 영광에 대해 상세히 설명합니다.

아울러 그리스도의 재림을 어떻게 준비해야 하는지, 또 그 상태를 어떻게 유지할 수 있는지에 관해 언급합니다. 이를 위해 우선 경건을 방해하는 7가지 장애물에 대해 설명하고, 이어서 경건을 연습하기 위한 실제적인 방법들을 설명합니다. 즉 하루를 기도로 시작하는 법, 성경을 효과적으로 읽는 법, 하나님과 동행하기 위해 생각과 말과 행동을 다스리는 법, 아침과 저녁 기도법, 기도 전에 묵상하는 법 등을 비롯해 우리 삶의 전반적인 분야에서 경건을 연습할 수 있는 구체적인 방법들을 보여줍니다. 이 책에서는 일부만 발췌하여 다루었습니다.

하나님 나라를 확장하는 방법 가운데 가장 진실되고 확실한 수단 중 하나는 그리스도인 한 사람 한 사람이 기도하는 가운데 경건한 삶을 사는 것입니다. 많은 사람들이 실은 자기 자신의 이름과 명성을 알리는 데 지나지 않는 것을 가지고 하나님 나라를 확장하기 위한 것이라고 오해하고 있습니다.

하나님의 교회는 온유하고, 순전하고, 겸손하고, 공의롭고, 평화를 사랑하고, 끝까지 인내하는 자들로 이루어집니다. 이들이야말로 하나님 나라를 이루는 산 돌들이요, 이 영적 전당이야말로 영원히 지속될 유일한 것입니다. 그밖의 모든 것, 즉 인간의 명예나 업적, 재능, 허영심 등은 영원히 멸망하고 말 것입니다.

이 점을 생각할 때 악행하는 자들과 그들의 악행이 결국 멸망당하고 말 것이라는 생각은 사실 아무것도 아닙니다. 세상의 모든 훌륭한 것, 높이 평가받던 모든 것이 영원한 경멸 속에 잠기고 말 것이라는 사실을 생각해 보십시오. 온몸이 오싹해지지 않습니까?

회심과 영생으로 인도하는 좁은 길을 분명하게 제시하는 이 책은 양심을 깨우치는 놀라운 능력으로 인해 지난 세기의 수많은 사람들을 변화시켰습니다. 마찬가지로 경건을 경멸하고 부끄러워하는 이 세대에도 커다란 도전과 영적 각성을 주리라고 기대합니다.

경건한 삶을
사모하는 당신에게

진정으로 경건한 삶을 살겠다는 결심이 없이는 아예 이 책을 읽을 생각조차 하지 마십시오. 하지만 모두가 이 책을 읽기를 바라는 것이 저의 진심입니다. 경건치 못한 삶을 살다가 뜻하지 않은 죽음을 당해 하나님의 영원한 심판을 받기 전에 속히 이 책을 읽으라고 권하고 싶습니다.

경건한 삶을 살기 위해서는 다음의 세 가지 요소를 알아야 합니다.

첫째, 하나님이 어떤 분이신지 알아야 합니다. 하나님은 한 인격 안에 삼위(아버지, 아들, 성령)로 존재하십니다. 그분의 속성에는 명목적 속성과 실제적 속성이 있습니다. 명목적 속성은 단순성, 무한성 등 절대적 속성을 뜻하며, 실제적 속성은 지혜, 능력, 권능, 생명 등 상대적 속성을 가리킵니다.

둘째, 인간 스스로에 대해 알아야 합니다. 즉 인간이 구원이 필요한 타락한 존재임을 깨달아야 합니다.

셋째, 하나님을 영화롭게 해야 합니다. 가정생활에서, 교회생활에서, 일상생활에서 경건한 믿음으로 하나님을 섬기며 살아야 합니다. 아울러 주일을 성수하고, 때로 금식을 하고, 그분 안에서 기뻐하면서 늘 믿음 안에서 살아야 합니다. 죽는 순간에도 주 안에서, 주를 위해 죽어야 합니다.

사람은 하나님을 바로 알지 못하면 그분을 올바르게 경배할 수 없습니다. 잘 모르는 분을 어떻게 사랑할 수 있겠습니까? 하나님의 도우심을 원하지 않는데 어떻게 그분을 경배할 수 있겠습니까? 자신이 본질상 타락한 존재라는 사실을 모르는데 어떻게 구원의 은혜를 구할 수 있겠습니까?

그러므로 히브리서 저자는 "하나님께 나아가는 자는 반드시 그가 계신 것과 또한 그가 자기를 찾는 자들에게 상 주시는 이심을 믿어야 할지니라"(히 11:6)고 말했습니다.

하나님을 알지 못하는 한 참된 경건은 있을 수 없고, 인간을 알지 못하는 한 선한 삶을 살 수 없습니다. 따라서 경건한 삶을 살기 위해서는 기본적으로 하나님의 거룩하심과 인간의 비참함을 알아야만 합니다.

- 루이스 베일리

"경건에 이르도록 네 자신을 연단하라
육체의 연단은 약간의 유익이 있으나 경건은 범사에 유익하니
금생과 내생에 약속이 있느니라"(딤전 4:7-8).

목차

『청교도에게 배우는 경건』과 루이스 베일리　5

경건한 삶을 사모하는 당신에게　10

제1부 그리스도를 닮아가는 경건 이론

1. 경건 Class #1 **하나님의 본질과 속성**　19

   하나님의 본질 / 하나님의 속성 / 하나님을 알아야 하는 이유

2. 경건 Class #2 **타락한 인간**　63

   세상에서의 비참함 / 죽는 순간의 비참함 / 사후의 비참함

3. 경건 Class #3 **거듭난 신자**　93

   세상에서의 축복 / 죽는 순간의 축복 / 사후의 축복 / 구원을 소중히 여기라

4. 경건 Class #4 경건의 연습을 방해하는 7가지 장애물   143

   장애물 #1 : 성경 및 주요 교리에 대한 오해

   장애물 #2 : 악한 본보기

   장애물 #3 : 세상에서 받을 형벌의 유보

   장애물 #4 : 하나님이 긍휼을 베푸시리라는 그릇된 가정

   장애물 #5 : 악한 친구들

   장애물 #6 : 경건의 연습은 고달프다는 거짓 두려움

   장애물 #7 : 회개를 늦추는 것 / 결론

제2부 그리스도를 닮아가는 경건 연습

5. 하루를 경건하게 시작하기   201

   아침 묵상

6. 성경을 가까이하기   209

   아침 기도 / 아침 묵상을 위한 조언

7. 일평생 하나님과 동행하기   235

   생각 다스리기 / 말 다스리기 / 행동 다스리기

8. 하루를 경건하게 마무리하기   267

   저녁 묵상 / 저녁 기도 / 저녁 묵상을 위한 조언

PART **1**

그리스도를 닮아가는
경건 이론

경건 Class #1
하나님의 본질과 속성

하나님이 기뻐하시는 경건한 삶을 살기 위해서는 가장 먼저 하나님을 알아야 합니다. 하나님의 본질과 속성에 대한 참된 지식이 있어야만 진정으로 하나님을 사랑하는 삶을 살 수 있습니다.

피조물은 하나님의 본질을 알 수 없습니다. 하나님은 설명할 수 없는 분이시며, "가까이 가지 못할 빛"(딤전 6:16) 가운데 계시기 때문입니다. 하지만 하나님은 말씀을 통해 자신을 계시하셨습니다. 이는 우리 인간의 연약한 능력으로 그분을 이해하게 하시기 위해서입니다.

하나님은 영이시며 무한히 완전하십니다. 그분은 영원히 스스로 계시는 분이십니다(출 3:14; 신 4:35, 32:4, 39; 왕상 8:17; 시 147:5; 사 45:5-8;

요 4:24; 행 17:25; 롬 11:36; 고전 8:4, 6; 고후 3:17; 엡 4:5-6; 딤전 2:5).

하나님의 본질은 하나님이 존재하시는 양식과 속성이라는 두 가지 관점에서 생각할 수 있습니다. 즉 하나님은 인격으로 존재하시고(요 1:1, 5:31, 37, 14:9, 16; 골 2:9), 하나의 인격 안에 삼위로 계십니다(히 1:3). 삼위란 성부 하나님, 성자 하나님, 성령 하나님을 말합니다(창 1:26, 3:22, 11:7; 출 20:2; 사 63:10; 호 1:7; 학 2:5-6; 슥 3:2; 마 3:16-17, 28:19; 요 14:26; 고후 13:13; 요일 5:7).

삼위 하나님은 서로 다른 개별적 존재가 아니십니다. 본질이 같으시고, 동시에 서로 구별되시는 위격적 존재이십니다. 따라서 각기 독특한 존재 양식과 생각을 가지고 계시고, 스스로 살아 계시며, 서로에게 종속되지 않으십니다. 하나님의 존재는 복수인 동시에(창 1:26, 3:22, 11:7; 사 6:8) 단수입니다.

하나님이 삼위로 계시는 것은 우연히 이루어진 일이 아닙니다. 하나님의 존재는 우연을 허용하지 않습니다.

하나의 본질 안에 인격을 지니신 삼위가 계십니다. 하나의 본질 안에 한 분 하나님과 다른 하나님이 나란히 존재하십니다. 하지만 이러한 존재 양식을 하나의 물건 옆에 다른 물건이 놓여 있는 식으로 생각하면 곤란합니다. 하나의 본질 안에 세 분의 인격이 존재하신다는 사실을 기억하십시오. 이는 위대한 신비입니다.

하나님은 본질에 있어서는 서로 나뉘거나 따로 구별되지 않으시지만 그 이름과 순서와 행위에 있어서는 세 분 하나님으로 구별되어 나타나십니다.

하나님의 본질

삼위 하나님의 이름

삼위 하나님 가운데 첫째 인격은 성부라 불리십니다. 성부 하나님은 아들이신 그리스도의 아버지이시며(마 3:17, 11:27), 또한 선택받은 자녀, 즉 은혜로써 자녀 된 이들의 아버지이십니다(사 63:16; 엡 3:15).

삼위 하나님 가운데 둘째 인격은 성자라 불리십니다. 성자 하나님은 아버지 하나님이 낳으신 독생자이시며 본질상 아버지와 동등하십니다(잠 30:4; 시 2:7; 빌 2:6; 히 1:3). 성자는 또한 말씀이라 불리십니다. 그분이 말씀으로 불리시는 이유는 세 가지입니다.

우선, 말은 마음의 생각과 가장 밀접한 관계를 맺고 있는데, 마음과 말의 관계처럼 성자가 성부 하나님의 외아들로서 서로 밀접한 관계를 맺고 있음을 나타내기 위해서입니다. 이와 같은 맥락에서 성자는 성부의 "지혜"라고 불리시기도 합니다(잠 8:12).

또한 성부가 성자를 통해 구원의 뜻을 선포하셨기 때문입니다(요 1:18). 이런 이유로 성자는 성부 하나님에 의해, 또는 그분과 함께 말씀하시는 "로고스"(logos)라 불리십니다.

아울러 모든 성경 말씀이 성자를 증거하기 때문입니다(행 10:43; 히 1:1; 눅 24:27; 요 4:45; 행 3:22-24). 성부 하나님도 구약 성경에 나오는 신앙의 조상들에게 구원의 언약을 주시면서 친히 아들 예수에 관해 말씀하셨습니다.

삼위 하나님 가운데 셋째 인격은 성령이라 불리십니다(사 63:10; 고후 13:14). 성령은 육체를 지니지 않은 영이십니다(요일 4:13; 고후 3:17). 영이신 그분은 아버지와 아들의 숨결로부터 나오십니다(요 20:21-22; 갈 4:6). 성령은 거룩한 본성을 지닌 영이시며(벧전 1:15-16) 선택받은 백성들을 거룩하게 하는 분이십니다(고후 3:18; 살전 5:23; 벧전 1:2).

삼위 하나님의 순서

하나님은 성부, 성자, 성령의 순서로 존재하십니다.

성부는 영원하신 삼위 하나님 가운데 첫째 위격이십니다(마

28:19; 요일 5:7). 성부 하나님은 다른 존재에 의해 창조되지 않으시고 스스로 계십니다. 그분은 성자를 낳으시고 성자와 함께 성령을 보내십니다. 성자와 성령은 영원 속에서 성부와 거룩한 교통을 이루며 존재하십니다. 성자는 성부로부터 나시며, 성령은 성부와 성자로부터 나오십니다.

성자는 영광스러운 삼위 하나님 가운데 둘째 위격이시며 성부 하나님의 외아들이십니다. 성자는 은혜로써 아들로 인정되신 것이 아닙니다. 그분은 본질상 성부와 동등하십니다. 아울러 그분은 영원히 성부로부터 나십니다. 이는 인간이 이해할 수 없는 신비입니다.

본질의 관점에서 볼 때 성자는 스스로 존재하는 하나님이십니다. 다만 위격의 관점에서 볼 때 아버지로부터 영원히 나시고 그분께 속하는 것입니다. 본질이 본질을 낳는 것은 불가능합니다. 하지만 위격의 관점에서 볼 때는 가능합니다. 즉 성자도 하나님이시지만 그 위격과 순서에 있어서 성부께 속하실 따름입니다. 따라서 성자가 성부보다 시간적으로 나중에 계신다거나 신성의 본질을 성부로부터 부여받는다고 생각하면 안 됩니다.

또한 성자는 성부와 함께 성령을 보내십니다.

성령은 영원하신 삼위 하나님 가운데 셋째 위격이십니다. 성령은 성부와 성자의 숨결로부터 영원히 나오십니다(요 15:26, 16:15). 성자가 성부로부터 나시는 것처럼 이 또한 이해할 수 없는 신비에 속합니다.

성부가 성자를 낳으신다는 점에서 성부는 성자보다 앞서십니다. 또 성령이 성부와 성자로부터 나오신다는 점에서 성령은 성자 다음에 계십니다. 이러한 위격의 순서는 우리에게 두 가지 사실을 알려줍니다.

첫째, 삼위 하나님이 어떤 방식으로 일하시는지를 보여줍니다. 성부는 성자와 성령을 통해 일하시고, 성부로부터 나신 성자는 성령을 통해 일하십니다. 또한 성령은 성부와 성자로부터 나오십니다.

둘째, 삼위 하나님의 모든 사역의 근원이 성부께 있다는 사실을 보여줍니다. 성부는 삼위 하나님의 처음이시자 근원이시고, 모든 사역의 시작이시며, 위격의 순서상 첫째이십니다. 따라서 성부는 신조의 고백대로 창조주라 불리십니다. 성자와 성령은 성부의 사역을 수행하십니다. 다시 말해 아버지의 뜻대로 아들이 구원 사역을, 성령이 성화 사역을 각각 수행하십니다. 이런 이유로 아들은 중보자로서 모든 일을 아버지의 뜻으로 돌립니다 (마 11:25-27; 요 5:19-23, 11:41-42, 12:49). 성경도 우리가 아버지 하나님과 화목하게 되었다고 말씀합니다(고후 5:18).

위격의 순서를 제외하고는 삼위 하나님 가운데 어느 분이 첫째이시고 어느 분이 마지막이신지, 또 어느 분이 우월하시고 어느 분이 열등하신지에 대한 구분이 있을 수 없습니다. 삼위 하나님은 본질과 영광에 있어서 모두 동등하시고 시간상으로 영원히 존재하십니다.

삼위 하나님은 모두 신성을 지니고 계십니다. 하지만 신성이 육신을 입으신 일은 오직 둘째 위격이신 성자 안에서만 이루어졌습니다. 성자 하나님만이 인간의 몸을 입으셨습니다. 성부 하나님은 독생자로 하여금 인간의 몸을 입고 죽음을 당하게 하심으로써 인간에 대한 자신의 위대한 사랑을 나타내셨습니다. 성자는 신성을 지니신 성부 하나님의 아들이신 동시에 인간의 몸을 입으신 인자(人子)가 되셨습니다. 그리스도만이 성자와 인자로 불리십니다.

그리스도께서는 영원한 하나님의 형상이십니다. 우리가 잃어버린 하나님의 형상이 그분을 통해 회복됩니다.

물론 인간의 몸을 입으셨다고 해서 신성이 인성으로 바뀐 것도, 인성이 신성으로 바뀐 것도 아닙니다. 삼위의 둘째 인격이신 말씀이 인성, 즉 육신과 영혼을 취하신 것뿐입니다. 따라서 그리스도께서는 인간의 모든 본성과 약점을 지니고 계십니다. 하지만 죄는 없으십니다(히 3:17-18, 4:15).

그리스도께서는 인간의 인격이 아니라 본성만을 취하셨습니다. 만일 인간의 인격을 취하셨다면 한 분이신 그리스도 안에 두 개의 인격이 존재하는 셈이 됩니다. 따라서 이는 간단히 말해 신성과 인성이라는 두 본성이 그리스도라는 한 인격을 만들어내고 그 안에서 하나가 된다는 말입니다.

그러나 이 두 본성은 서로 분리되지 않으며, 서로 혼합되지도 않습니다. 그리스도의 인격 안에서 하나 되기 이전에 가졌던 여러 가지 본질적인 속성을 그대로 유지합니다. 다시 말해 무한성을 지닌 신성은 유한성을 지닌 인성과 교통하지 않고, 유한성을 지닌 인성은 무한성을 지닌 신성과 교통하지 않습니다.

하지만 두 본성이 그리스도라는 한 인격 안에서 하나 되었기 때문에 때로 신성이 인성으로 전달되곤 합니다. 예를 들어 성경은 "하나님이 자기 피로 사신 교회"(행 20:28)라고 말씀합니다. 여기서 "피"는 눈으로 볼 수 있는 육체적인 피를 가리키지만 그것이 곧 하나님의 피라고 진술되고 있음에 주목하십시오. 또한 성경은 "정하신 사람으로 하여금 천하를 공의로 심판할 날을 작정"(행 17:31)하셨다고 기록하고 있습니다. 여기서 "사람"이라는 표현이 심판자이신 하나님과 동일시되고 있다는 점에 주목하십시오.

엄밀한 의미에서 볼 때 그리스도의 인성은 창조된 것으로, 유한한 본성을 지녔기 때문에 어느 곳에나 존재하지는 못한다고 합니다. 하지만 그리스도께서는 신성을 동시에 지니고 계십니다. 그리스도의 신성은 무한하고, 한계가 없으며, 하나님과 하나이며, 어느 곳에서도 하나님으로부터 분리되지 않습니다. 따라서 그리스도의 무한한 신성이 그분이 입으신 몸에 전해져 그분의 몸 역시 어느 곳에나 존재한다고 말할 수 있습니다.

삼위 하나님의 행위

하나님의 행위는 외적 행위와 내적 행위로 구분할 수 있습니다. 외적 행위는 피조물과의 관계에서 이루어지는 행위를, 내적 행위는 삼위 하나님 안에서 이루어지는 행위를 각각 말합니다.

외적 행위

창조 사역은 성부 하나님과, 구원 사역은 성자 하나님과, 성화 사역은 성령 하나님과 관련되어 있습니다. 하지만 이 사역들이 정확히 구분되는 것은 아닙니다. 예를 들어 성부 하나님은 세상을 창조하셨고 성령 안에서 아들을 통해 세상을 다스리십니다(롬

11:36). 그러나 성자와 성령도 각각 창조 사역에 동참하셨습니다. 그러므로 외적 행위는 삼위 하나님 모두가 함께하시는 사역을 말합니다.

내적 행위

삼위 하나님의 내적 행위는 외적 행위와 달리 각자에게 국한된 고유한 행위를 말합니다. 성자를 낳으시는 행위는 성부 하나님께만 속합니다. 성부 하나님은 창조되지 않으셨고 다른 존재로부터 나지도 않으셨습니다. 성자는 나신 바 된 존재이십니다. 성자는 만들어지거나 창조되지 않으셨으며 성부께로부터 나셔서 성부께 속하십니다. 성령은 성자와 성부로부터 나오십니다. 이는 오직 성령께만 해당되는 행위입니다. 성령은 아버지와 아들에게 속하십니다. 성령은 다른 존재로부터 나오거나 창조되지 않으십니다.

여기서 성부는 낳으시는 분이시고, 성자는 나신 분이시며, 성령은 나오시는 분이시라는 것은 삼위 하나님의 다양한 존재 방식을 구분하는 것일 뿐 서로 다른 세 개의 본질이 존재한다는 의미는 결코 아닙니다. 삼위 하나님은 모두 동일한 본질을 영원히 소유하고 계시며 그 어떤 존재로부터도 본질을 부여받지 않으십니다. 성부는 그 어떤 존재로부터도 창조되지 않으셨고, 성자는 성부로부터 나시며, 성령은 성부와 성자로부터 나오십니다.

이는 삼위 하나님이 서로 공유할 수 없는 행위입니다. 그러나 이를 본질적인 구별이라고 할 수는 없습니다. 단지 삼위 하나님 각각이 지니시는 고유한 위치를 나타내는 것일 뿐입니다.

이처럼 성부는 성자가 되실 수 없고, 성자는 성부가 되실 수 없으며, 성령은 성자나 성부가 되실 수 없습니다. 성령은 다만 아버지와 아들로부터 나오실 뿐입니다.

삼위 하나님은 모두 동일한 본질을 지니고 계시므로 우리는 성부도, 성자도, 성령도 모두 하나님이심을 고백해야 합니다. 삼위 하나님은 본질상 서로 다르지 않으시지만 그 행위에서는 서로 구별되십니다. 다시 말해 위격의 속성상 서로 구별되십니다. 성부는 하나님이시고, 성자는 나신 하나님이시며, 성령은 성부와 성자로부터 나오시는 하나님이십니다. 이런 이유로 성경은 하나님의 이름을 두 가지로 일컫습니다.

첫째, 삼위 하나님이 모두 동일한 본질을 지니고 계시므로 그 모두를 일컬어 "하나님"이라고 부르는 것입니다. 둘째, 각 위가 존재 방식에서 서로 구별되므로 각각 "아버지"(딤전 2:5), "아들"(행 20:28; 딤전 3:16), "성령"(행 5:3; 고후 6:16)으로 구분하여 부르는 것입니다.

삼위 하나님은 서로 하나이신 동시에 각 위가 서로 구별되십니다. 따라서 하나님은 동일한 신성 안에 삼위로 계십니다. 삼위 안에 하나로, 하나 안에 삼위로 계십니다.

이것은 거룩한 신비입니다. 그러므로 호기심에 이끌려 인간의 이성으로 하나님이 말씀에 계시하신 것 그 이상을 알려고 해서는 곤란합니다. 다만 우리는 이 문제를 믿음으로 받아들여야 합니다.

하나님의 속성

하나님의 속성은 신성의 본질이 무엇인지를 보여줍니다. 이는 연약한 인간이 신성의 본질을 이해할 수 있도록 돕기 위해 성경에 계시되어 있습니다. 우리는 성경에 계시된 하나님의 속성을 이해함으로써 그분이 누구이신지를 깨달을 수 있습니다. 하나님의 속성에는 명목상의 속성과 실제적 속성이 있습니다.

명목상의 속성

명목상의 속성은 "하나님의 본질과 관련된 속성", "동일한 신성을 지니신 삼위 하나님과 관련된 속성", "하나님의 고유한 사역과 관련된 속성" 등 세 가지로 나눌 수 있습니다.

하나님의 본질과 관련된 속성

명목상의 속성을 논할 때 가장 먼저 생각할 것은 하나님의 이름입니다. 하나님의 본질과 관련하여 첫 번째로 성경에 계시된 하나님의 이름은 **"여호와"**(*Jehovah*, 출 15:3)입니다. 이는 하나님이 영원한 존재이심을 의미합니다. 다른 존재들의 경우 시작도 있고 끝도 있지만 하나님은 시작도, 끝도 없는 영원한 존재이십니다(사 42:8; 시 83:18).

하나님은 아브라함과 이삭과 야곱에게는 자신의 이름을 여호와로 알리지 않았다고 모세에게 말씀하셨습니다(출 6:3). 이는 그들이 여호와라는 이름을 몰랐기 때문이 아니었습니다. 사실 그들은 모두 기도할 때 여호와라는 성호를 사용했습니다. 그럼에도 불구하고 하나님이 모세에게 그렇게 말씀하신 이유는 아브라함과 이삭과 야곱이 이스라엘 백성을 위한 하나님의 구원 행위를 보지 못했기 때문이었습니다. 하나님은 이스라엘 자손을 애굽에서 구원하시어 약속의 땅 가나안으로 인도하심으로써 자신이 만물을 창조한 전능의 하나님이실 뿐 아니라 말씀으로 약속한 것을 이루는 하나님이시라는 사실을 보여주고자 하셨습니다. 이것이 바로 여호와라는 이름이 의미하는 바입니다.

이런 의미에서 모세는 하나님을 여호와라고 불렀으며, 창세기를 기록하는 첫머리에 이 이름을 사용했습니다(창 2:4). 아울러 모세는 이 이름을 십계명의 서론에서도 사용했습니다. 십계명은 하나님이 이스라엘 백성을 애굽에서 구원하신 이후에 반포된 것으로, 약속의 땅에서 이스라엘 백성이 구원자 하나님을 섬기면서 지켜야 할 의의 법이었습니다.

사실 여호와라는 이름은 신적 신비가 가득한 이름입니다. 유대인들은 이 이름을 입에 올리는 것조차 죄라고 생각했습니다. 하지만 이를 글로 쓰는 것이 죄가 아니라면 부른다고 해서 죄가 될까요?

하나님은 영원한 존재이실 뿐 아니라 은혜로운 모든 약속을 정하신 때에 이루시며, 전에 없던 것을 창조하시는 분이십니다. 따라서 여호와라는 이름은 그 자체로 우리를 향한 그분의 약속이라고 할 수 있습니다.

예를 들어 하나님은 우리를 용서한다고 약속하셨습니다. 그러므로 우리가 회개하는 순간 하나님은 우리의 죄를 용서하십니다(사 55:7; 요일 1:9). 아울러 우리가 죽는 순간 우리의 영혼을 받으시며,

부활의 때에 우리의 몸을 다시 살리시어 영생의 영광을 누리게 하십니다.

하나님의 본질과 관련된 두 번째 이름은 "**야훼**"(*Yahweh*)입니다. 야훼는 여호와와 같은 어근을 가졌으며, "나는 존재한다", 또는 "나는 존재할 것이다"라는 의미를 갖고 있습니다.

모세가 하나님의 이름을 여쭈었을 때 하나님은 자신을 일컬어 "야훼 아쉐르 야훼"(*Yahweh Asher Yahweh*)라고 하셨습니다. 이는 "나는 스스로 있는 자이니라"(출 3:14), 또는 "나는 지금도 있고 앞으로도 있을 자라"는 의미입니다. 결국 야훼라는 이름은 하나님이 변함없는 영원한 존재이심을 계시합니다.

눈에 보이는 모든 피조물은 일시적일 뿐 아니라 변합니다. 그 가운데 "나는 지금도 있고, 앞으로도 영원히 있을 것이다"라고 말할 수 있는 존재는 아무것도 없습니다. 신약성경에서는 이 말의 의미가 주 예수 그리스도께 적용되었습니다. 주님은 이렇게 말씀하셨습니다.

> "나는 알파와 오메가라 이제도 있고 전에도 있었고
> 장차 올 자요 전능한 자라"(계 1:8).

과거나 현재나 미래나 항상 하나님 앞에서는 현재일 뿐입니다. 요한복음 8장 58절에서도 주님은 "아브라함이 나기 전부터 내가 있느니라"고 말씀하심으로 야훼라는 이름의 의미를 스스로에게 적용하셨습니다.

이처럼 야훼는 세상의 창조, 현재의 타락, 미래의 영광이라는 세 가지 사실을 항상 우리에게 상기시켜주는 이름입니다. 아울러 하나님 앞에는 항상 현재만 존재한다는 사실을 알려줌으로써 우리로 하여금 '나는 과거에 착하게 살았어', 혹은 '나는 앞으로 선하게 살 거야'라는 식의 안일한 생각을 떨쳐버리고 '나는 하나님이 부르시면 언제든 준비된 심령으로 그분을 대할 거야'라는 겸손한 마음을 갖게 합니다.

하나님의 본질과 관련된 세 번째 이름은 "야"(Jah)입니다. 이는 여호와라는 이름의 단축형으로, 하나님이 모든 존재의 근원이시자 존재 중의 존재로서 만유의 주가 되신다는 사실을 의미합니다. 이 이름은 특별히 하나님이 과거에 약속하신 대로 놀라운 구원이나 은혜를 베푸실 때 사용되었습니다(시 68:19, 101:8, 106:1, 48, 111:1, 112:1, 113:1, 9, 115:17-18, 116:19, 118:5, 14, 125:4).

시편 저자는 하늘과 땅에 있는 모든 피조물에게 "야의 이름으로 하나님을 찬양하고 그분께 감사하라"고 명했습니다.

하나님의 본질과 관련된 네 번째 이름은 "주"를 의미하는 "퀴리오스"(κύριος)로, 신약성경에서 종종 사용되고 있습니다. 이 이름의 동사형인 "퀴로"(κύρω)와 "퀴레오"(κυρέω)는 "나는 존재한다"는 의미를 갖고 있습니다. 그러므로 "퀴로스"(κύρος)의 본래 의미는 권위가 아니라 사물의 본질을 가리킵니다. 따라서 이 이름이 하나님께 쓰일 때는 여호와와 그 의미가 같습니다. 즉 하나님이 스스로 존재하시며 만물의 주가 되신다는 뜻입니다.

이 이름은 우리가 하나님의 계명을 따르고, 그분의 심판을 두려워하며, 또한 그분을 기쁘시게 하기 위해 그분의 뜻대로 살아야 한다는 점을 상기시켜줍니다. 우리는 우리의 주님이신 하나님 앞에서 "이는 여호와이시니 선하신 대로 하실 것이니라"(삼상 3:18)고 말한 엘리 제사장과 같은 자세를 취해야 합니다.

하나님의 본질과 관련된 다섯 번째 이름은 "데오스"(θεὸς)입니다. 이는 "하나님"으로 번역되며, 신약성경에 600회 사용되었습니다. 비그리스도인들도 이 용어를 사용합니다. 이는 "아포 투 데인"(ἀπὸ τοῦ θεῖν)이라는 문구에서 파생되었는데, "모든 것을 관통하고 에워싼다"는 의미를 갖습니다. 또 "아포 투 아이데인"(ἀπὸ τοῦ αἰθεῖν)이라는 문구도 있는데, 이는 "태우다", "불붙이다"를 뜻합니다.

하나님은 빛이시고 모든 피조물 가운데 열과 빛과 생명을 만드셨습니다. 스스로 빛이신 하나님은 피조물을 통해 자신을 간접적으로 드러내십니다.

때로 이 이름은 왕이나 군주, 우상을 비유하는 등 부적절하게 사용되기도 합니다. 하지만 이는 유일하신 하나님을 가리키는 용어로 사용되어야 마땅합니다. 이 이름이 하나님을 가리킬 때에는 그분이 영원한 신성을 지니셨으며, 만물 위에 계시고 만물 안에 계셔서 모든 피조물에게 빛과 생명을 주시고, 만물을 질서 있게 보존하시고 다스리신다는 의미를 갖습니다.

하나님은 항상 만물을 지켜보고 계십니다. 따라서 우리는 어디에 있든지 항상 그분 앞에 있다는 사실을 기억하고 조심해야 합니다.

> ### 하나님의 본질과 하나님의 이름
> **"여호와"**(*Jehovah*) 스스로 계시는 분, 즉 영원히 자존하시는 하나님.
>
> **"야훼"**(*Yahweh*) 변함없고 영원한 존재이신 하나님.
>
> **"야"**(*Jah*) 만유의 주이신 하나님.
>
> **"퀴리오스"**(κύριος) 스스로 존재하시는, 만물의 주 되신 하나님.
>
> **"데오스"**(θεὸς) 영원한 신성을 지니셨고, 모든 피조물에게 빛과 생명을 주시며, 만물을 질서 있게 보존하시고 다스리시는 하나님.

삼위 하나님과 관련된 속성

삼위 하나님과 관련된 속성에서 빼놓을 수 없는 이름 가운데 하나는 "엘로힘"(*Elohim*)입니다. 이는 전능하신 재판관을 의미합니다.

엘로힘은 복수형으로, 동일한 본질을 지니신 삼위 하나님을 가리킵니다. 창세기 1장 1절은 이 복수형의 이름을 "바라"(*Bara*, 창조하다)라는 3인칭 단수 동사와 연결하고 있습니다. 이는 하나님의 신성 안에 삼위가 계신다는 진리를 나타내는 성령의 계시입니다. "바라 엘로힘"이라는 표현은 전능하신 삼위 하나님이 창조 사역에 다 함께 참여하셨다는 사실을 보여줍니다.

더욱이 흥미로운 점은 유대인들이 세 개의 문자로 구성된 "바라"(ברא)라는 동사를 사용했다는 점입니다. 이는 삼위일체의 신비를 드러내줍니다. 첫 번째 문자 "베드"(ב)는 "벤"(*ben*, 아들)을 뜻하고, 두 번째 문자 "레슈"(ר)는 "루아흐"(*rouach*, 영)를 뜻하며, 세 번째 문자 "알렙"(א)은 "아브"(*ab*, 아버지)를 뜻합니다.

삼위일체의 신비는 모세에 의해 더욱 분명하게 드러납니다.

> "여호와 하나님[엘로힘]이 이르시되
> 보라 이 사람이……우리 중 하나 같이 되었으니"(창 3:22).

또한 창세기 19장 24절을 보면 "여호와께서 하늘 곧 여호와께로부터 유황과 불을 소돔과 고모라에 비같이 내리사"라고 기록되어 있습니다. 말하자면 성부가 모든 심판을 성자에게 맡기셨음을 알 수 있습니다(요 5:22).

엘로힘의 단수형은 "엘로아"(Eloah)입니다. 이는 "그분이 맹세하신다"라는 의미를 가진 "알라"(Alah)에서 파생했습니다. 진실을 가리기 위해 맹세가 필요한 경우 하나님의 이름으로 맹세하는 것보다 더 큰 권위는 없습니다. 하나님은 하늘과 땅의 의로운 재판관이시기 때문입니다. 엘로아라는 이름은 성경에 드물게 나타납니다(합 3:3; 욥 4:9, 12:4, 15:2, 8; 시 18:32, 114:7).

> "나를 지으신 하나님[엘로아 고사이]은……
> 어디 계시냐고 말하는 이도 없구나"(욥 35:10-11).

여기에서 "고사이"(Gosai)는 복수 명사입니다. 단수 명사인 엘로아가 복수 명사인 고사이와 함께 나타나 있습니다. 이는 삼위일체의 신비를 드러내는 표현입니다. 또한 복수 명사인 엘로힘이 단수 동사를 취하는 경우도 많습니다. 이 또한 삼위일체의 신비를 더욱더 분명하게 드러냅니다(창 35:7; 삼하 7:23; 수 24:19; 렘 10:10).

엘로힘이라는 말은 때로 지도자들에게 적용되기도 했는데, 이는 그들이 하나님의 대리인이기 때문입니다. 모세의 경우를 예로 들 수 있습니다. 하나님은 그에게 "내가 너를 바로에게 신[엘로힘] 같이 되게 하였은즉"(출 7:1)이라고 말씀하셨습니다. 이는 "내가 너를 삼위일체 하나님을 대변하는 사신으로 임명했으니 내 말과 내 뜻을 바로에게 전하라"는 의미입니다.

이처럼 엘로힘이라는 이름을 읽거나 들을 때마다 우리는 하나님의 신성 안에 삼위가 계시고, 하나님이 곧 여호와 엘로힘이시라는 사실을 상기해야 합니다.

삼위 하나님의 속성과 하나님의 이름

"엘로힘"(*Elohim*) 전능한 재판관이신 하나님.

하나님의 고유한 사역과 관련된 속성

하나님의 고유한 사역과 관련된 이름들이 있습니다. 여기에서는 다섯 가지만 살펴보겠습니다.

첫째, "엘"(*El*)이라는 이름으로, "강하신 하나님"이라는 뜻입니다. 하나님은 가장 강한 분이십니다. 그분은 스스로 용맹스러우실 뿐 아니라 다른 피조물들에게 용기와 능력을 주십니다. 그리스도께서는 "엘 깁보르"(*El Gibbor*), 즉 "전능하신 하나님"이라 불리십니다(사 9:6).

하나님의 자녀 된 우리는 원수들의 힘을 두려워할 필요가 없습니다. 하나님이 그들보다 더 강하시기 때문입니다.

둘째, "**샤다이**"(*Shaddai*)라는 이름으로, "전능하다"는 의미입니다. 하나님은 족장들에게 자신을 밝히실 때 이 이름을 사용하셨습니다. "나는 엘 샤다이(*El Shaddai*)다", 곧 "강하고 전능한 하나님이다"라고 말씀하셨습니다. 하나님은 자기 백성을 모든 악으로부터 보호하시고, 모든 영적 은사와 이 세상의 것들로 축복하실 뿐 아니라 이 세상과 장차 올 세상에 대해 그분이 하신 모든 약속을 이루실 수 있는 분이십니다.

엘 샤다이라는 이름은 오직 하나님만 사용하실 수 있으며 피조물에게는 결코 적용될 수 없습니다. 따라서 우리는 족장들처럼 하나님을 전폭적으로 신뢰해야 하며, 그분이 약속을 이루실 것을 의심해서는 안 됩니다.

셋째, "**아도나이**"(*Adonai*)라는 이름으로, "나의 주"라는 뜻입니다. 구약성경 마소라 사본에서는 이 이름이 134회나 사용되었습니다. 이는 피조물에게도 적용될 수 있지만 본래는 하나님만 사용하실 수 있었습니다. 이 이름 역시 때로 삼위일체의 신비를 나타내기 위해 복수로 쓰였습니다.

> "내가 주인[아도님]일진대
> 나를 두려워함이 어디 있느냐"(말 1:6).

아도나이는 단수형이고 "아도님"(*Adonim*)은 복수형입니다. 다니엘 9장 17절을 보면 이 이름이 그리스도께 사용된 것을 볼 수 있습니다.

> "주[아도나이]를 위하여 주의 얼굴 빛을
> 주의 황폐한 성소에 비추시옵소서"(단 9:17).

아도나이라는 이름은 하나님만이 우리의 양심을 다스리시는 분이심을 기억하여 그분의 계명에 복종하고, 그분만을 경외해야 한다는 것을 우리에게 가르쳐줍니다. 아울러 우리에게 그분의 말씀과 약속을 굳게 믿고 "나의 주님이시요 나의 하나님이시니이다"(요 20:28)라고 고백한 도마처럼 그리스도를 우리의 하나님으로 받아들이라고 가르칩니다.

넷째, "엘욘"(*Elyon*)이라는 이름으로, "지극히 높으신 이"(단 4:17, 24-25, 34; 시 9:2, 91:9, 92:8; 행 7:48)라는 의미입니다. 가브리엘 천사가 동정녀 마리아를 찾아갔을 때 이 이름을 사용했습니다. 가브리엘은 마리아에게 "보라 네가 잉태하여 아들을 낳으리니 그 이름을 예수라 하라 그가 큰 자가 되고 지극히 높으신 이의 아들이라 일컬어질 것이요"(눅 1:31-32)라고 했습니다.

이 이름은 하나님이 그 영광과 신성에 있어서 하늘과 땅의 모든 피조물 위에 홀로 뛰어나신 분이시라는 사실을 가르쳐줍니다. 이 땅의 그 누구도 하나님 앞에서 자신의 위대함이나 존귀함을 자랑할 수 없습니다. 그리고 우리가 진정으로 존귀함을 받기 원한다면 겸손히 은혜와 영광 중에 거하시는 하나님과 화목하기 위해 힘써야 한다는 것을 알 수 있습니다.

다섯째, "아바"(Abba)라는 이름으로, "아버지"를 뜻하는 아람어입니다(롬 8:15). 이 이름은 주기도문에 사용되었고 예수 그리스도의 기도에도 나타납니다(마 11:25). 하나님은 본질상 예수님의 아버지이실 뿐 아니라 은혜와 선택으로 신자들을 양자로 삼으신 아버지이십니다.

이사야 9장 6절을 보면 그리스도께서 "영존하시는 아버지"로 불리신 것을 알 수 있습니다. 그 이유는 그분이 새 언약 아래에서 우리를 거듭나게 하시기 때문입니다. 하나님은 또한 빛들의 아버지라 불리십니다(약 1:17). 그 이유는 하나님이 가까이 가지 못할 빛에 거하실 뿐 아니라(딤전 6:16) 햇빛을 내려주시는 것은 물론 세상 모든 사람을 밝히는 이성의 빛과 초자연적인 은혜의 빛을 내려주시는 분이시기 때문입니다.

아버지라는 이름은 우리가 하나님께로부터 받은 모든 은사가 그분의 부성(父性)에서 비롯되었음을 가르쳐줍니다. 아울러 우리가 사랑스런 자녀가 되어 그분을 사랑할 수 있고, 어려움에 처했을 때 아버지이신 하나님의 도우심과 구원을 언제라도 요청할 수 있다는 사실을 깨우쳐줍니다.

> 하나님의 고유한 사역과 하나님의 이름
> **"엘"**(El) 강하신 하나님.
> **"샤다이"**(Shaddai) 전능하신 하나님.
> **"아도나이"**(Adonai) 나의 주 하나님.
> **"엘욘"**(Elyon) 지극히 높으신 하나님.
> **"아바"**(Abba) 아버지 하나님.

우리는 하나님의 거룩한 이름들을 두려워할 필요가 없습니다. 오히려 하나님의 이름들을 떠올릴 때마다 그분의 선하심을 기억하며, 동시에 그분에 대한 우리의 의무를 생각해야 합니다. 그때 우리는 하나님의 이름으로 모든 일을 행하는 것이 얼마나 편안한지를 알게 됩니다.

사실 사람들은 이러한 진리를 말로만 되뇔 뿐 직접 경험하지 못합니다. 이는 한마디로 무지하기 때문입니다.

우리가 그리스도를 묵상하며 하나님의 이름을 부를 때 그분은 기꺼이 자신을 드러내시고 역경과 어려움에 처한 우리를 도우시고 구원하십니다. 이 사실을 깨달으면 우리의 믿음에 말로 다할 수 없는 큰 힘이 생겨납니다.

하나님의 이름들이 지닌 뜻을 알고 그것을 부를 줄 아는 신자야말로 참으로 지혜로운 사람입니다. 하나님을 간절히 알기 원하는 것은 우리가 그분을 사랑한다는 가장 확실한 증거이며, 그분의 은혜를 받을 수 있는 가장 분명한 방법입니다.

> "하나님이 이르시되 그가 나를 사랑한즉 내가 그를 건지리라
> 그가 내 이름을 안즉 내가 그를 높이리라
> 그가 내게 간구하리니 내가 그에게 응답하리라"(시 91:14-15).

우리가 하나님의 이름을 알고 그분의 이름으로 모든 일을 할 때 우리의 믿음은 굳건해집니다.

실제적 속성

절대적 속성

실제적 속성은 절대적 속성과 상대적 속성으로 나눌 수 있습니다. 절대적 속성은 오직 하나님만 소유하실 수 있는 속성입니다. 여기에는 단순성과 무한성이 포함됩니다.

단순성은 혼합, 구분, 우연, 증가, 부분 혼합 등의 개념을 배제합니다. 하나님은 영원히 있는 그대로 존재하시며, 본질적으로 항상 동일하십니다. 하나님 안에 삼위가 계신다고 해서 단순성이 손상되지는 않습니다. 왜냐하면 서로 다른 셋이 모여 하나가 된 것이 아니라 본질상 동등한 상태에서 삼위가 계신 것이기 때문입니다. 아울러 **무한성**은 시간이나 공간에 적용되는 측량, 한계, 제한 등의 개념을 배제합니다. 이 두 가지 속성으로부터 또 다른 세 가지 절대적 속성이 나타납니다.

그 가운데 하나는 **편재성**입니다. 하나님은 무소부재하십니다. 그분은 하늘과 땅, 모든 장소에 거하십니다. 그분이 계시지 않는 공간이나 장소는 없습니다(행 7:48; 욥 11:7-10; 대하 2:5-6; 시 139:7-10; 렘 23:23-24). 하나님의 임재는 다음과 같이 네 가지 관점에서 생각할 수 있습니다.

- 하나님은 우주 어디에나 계십니다. 그분이 계시지 않는 곳은 없습니다.
- 하나님은 특별히 하늘에 계십니다. 하늘은 하나님의 선하심과 능력과 지혜를 보다 분명하게 드러냅니다(시 19:1; 호 2:21). 아울러 하나님은 하늘에서 축복을 내려주시고 심판을 행하십니다.
- 하나님은 성도 안에 계십니다(고전 3:16, 6:19; 고후 6:16).
- 하나님은 그리스도 안에 계십니다. 그분 안에는 신성의 모든 충만이 육체로 거하십니다(골 2:9).

또한 **불변성**입니다. 하나님의 뜻이나 본질은 결코 변하지 않습니다(롬 1:23, 11:29; 사 40:28; 시 102:27; 계 1:8; 삼상 15:29; 민 23:19; 말 3:6; 약 1:17).

아울러 **영원성**입니다. 하나님은 시작도 없고, 끝도 없으시며, 영원히 계십니다. 그분께는 시간상 앞뒤 개념이 적용되지 않습니다(사 44:6; 단 6:26; 히 7장; 계 4:8).

하나님의 절대적 속성

단순성 하나님은 영원히 있는 그대로 존재하시며, 본질적으로 항상 동일하십니다.

무한성 하나님은 시간이나 공간에 구애받지 않으십니다.

편재성 하나님은 하늘과 땅, 모든 장소에 거하십니다.

불변성 하나님의 뜻이나 본질은 결코 변하지 않습니다.

영원성 하나님은 시작도 없고, 끝도 없으시며, 영원히 계십니다.

상대적 속성

상대적 속성에는 생명, 지성, 의지, 능력, 위엄 등 다섯 가지가 있습니다.

첫째는 **생명**입니다. 하나님은 스스로 영원한 생명을 지니고 계실 뿐 아니라 모든 피조물의 생명의 원천이십니다. 그분께로부터 생명이 흘러나옵니다(행 17:25, 28, 14:15; 시 42:8; 요 5:26; 히 3:12). 따라서 모든 피조물은 그분 안에 살고, 움직이고, 존재합니다. 하나님의 생명은 영원한 본질에 근거하므로, 그분은 없어지거나 사라지지 않으십니다.

둘째는 **지성**입니다. 하나님은 과거와 현재와 미래의 모든 일 뿐 아니라 인간의 생각과 마음의 상상을 모두 아십니다(왕상 8:39; 시 139:1; 렘 17:10, 20:12; 눅 16:15; 행 1:24; 히 4:12; 롬 11:33, 16:17). 하나님은 모든 것을 아십니다. 선한 것도 아시고, 악한 것도 아십니다(하지만 악한 것을 결코 마음에 품거나 생각하지 않으시고, 오히려 거부하십니다). 하나님은 우연한 듯 보이는 일들도 아시고, 필연적인 법칙에 의해 일어나는 일들도 아십니다.

하나님은 스스로 모든 것을 아십니다. 그분은 인간과 천사가 가진 모든 지식의 근원이십니다. 뿐만 아니라 하나님은 특별히 선택한 백성들을 아십니다. 이는 참으로 은혜로운 일입니다.

여기에서 우리는 하나님의 지혜를 생각할 수 있습니다. 하나님은 그분의 지혜로 만물을 무에서 창조하시고, 그 수와 한계와 무게를 정하셨습니다. 그분은 여전히 만물을 다스리시며, 만물로 하여금 그분의 거룩한 목적과 영광에 이바지하게 하십니다.

셋째는 **의지**입니다. 하나님은 모든 선한 일을 계획하시고 그것을 이루시려는 절대 의지를 가지고 계십니다(롬 9:18; 엡 1:5). 이러한 하나님의 선의지(善意志)에서 다양한 성품들이 나오는데, 그 내용을 살펴보면 다음과 같습니다.

- **사랑** : 하나님은 영원히 선한 의지를 가지고 계시고(요일 3:1), 선택하신 백성들이 그리스도를 통해 구원을 받도록 정하셨습니다. 또한 하나님은 그들에게 생명을 얻는 데 필요한 모든 은혜를 부어주시고(시 45:7), 그들 안에서 그들의 섬김을 받으며 즐거워하십니다(창 4:4).
- **공의** : 하나님은 항상 공의를 원하십니다(롬 2:5; 살후 1:6; 딤후 4:8; 신 7:9-10). 그분은 공의를 통해 인간과 천사를 그 행위에 따라 처리하십니다. 공의의 원칙에 따라 비신자들을 징벌하시고, 신실한 이들은 약속대로

보상하십니다(롬 9:15-16; 겔 16:6).

- **긍휼** : 하나님은 긍휼을 원하십니다(시 103:8; 딛 3:4). 그분은 죄인이 회개하면 그들이 저지른 죄와 하나님을 믿지 않은 행위를 모두 용납하시고 긍휼을 베푸십니다.

- **선** : 하나님은 피조물을 선의로 대하십니다(시 145:7, 9, 16; 마 16:17). 대가 없이 선을 베푸십니다. 이것이 바로 은혜입니다.

- **진리** : 하나님은 진리를 원하십니다(수 13:14; 시 149:6; 민 23:19). 그분은 자신이 말씀하신 모든 것을 항상 정하신 시간에 이루십니다.

- **오래 참으심** : 하나님은 사악한 이들을 징벌하기를 원하십니다. 하지만 그들의 죄악이 무르익을 때까지 오랫동안 참고 기다리십니다(벧후 3:9; 롬 2:4; 창 5:16).

- **거룩** : 하나님은 불결한 모든 것과 구별되시고, 더러운 것을 증오하십니다(벧전 1:5; 살전 4:3; 히 12:14; 막 15:9). 순결하신 하나님은 선택하신 자들을 순결한 삶으로 인도하시며 그들이 내적으로나 외적으로 순결한 삶을 살 때 기뻐하십니다.

- **진노** : 하나님은 선택하신 자들이 잘못을 저질렀을 때 징계하십니다(시 106:23, 29, 40-41; 민 25:11). 또한 비신자들이 하나님을 대적하며 선택하신 백성을 해롭게 할 때 진노하시고 그들을 징벌하십니다. 선택하신 자들에 대한 하나님의 진노는 일시적이지만 비신자들에 대한 진노는 영원합니다(살전 1:10).

넷째는 **능력**입니다. 하나님은 자신이 뜻하시는 것은 무엇이든 이루실 수 있습니다(창 17:1; 시 115:3; 마 8:2, 11:26; 엡 1:11). 이는 유일무이한 신이신 하나님께는 지극히 당연한 일입니다. 하나님은 능력으로 하늘과 땅과 그에 속한 모든 것을 창조하셨고, 여전히 다스리십니다. 절대적 능력을 소유하고 계신 하나님은 원하시는 것을 언제든 이루실 수 있습니다(마 3:9; 롬 9:18; 시 115:3).

다섯째는 **위엄**입니다. 하나님은 어떤 것에도 구애받지 않는 절대 권위를 가지고 계십니다. 하나님은 만물의 주이시자 왕으로서 보이는 것과 보이지 않는 모든 것을 다스리십니다(대상 29:11-12; 삼하 7:22; 계 5:12-13). 창조주이시자 왕이신 하나님은 피조물에 대해 당연한 권리를 가지고 계십니다(대상 29:14).

그분은 또한 능력이 무한하시기 때문에 자신이 용서하고자 하시는 이들의 죄를 용서하실 수 있습니다(롬 9:15; 요일 1:9). 반면 멸하기를 원하시는 원수들의 경우 어느 때라도 멸하실 수 있습니다. 하나님은 이러한 일을 행하시는 데 있어서 피조물에게 그 이유를 설명할 의무가 없으십니다(눅 19:17; 시 2:9, 110:1). 물론 하나님이 원칙 없이 행동하시는 것은 결코 아닙니다. 거룩하고 정의로운 원칙을 영원한 법으로 삼고 계시기 때문에 그분의 행위는 언제나 완전합니다.

하나님의 상대적 속성

생명 하나님은 영원한 생명을 지니실 뿐 아니라 모든 피조물의 생명의 원천이십니다.

지성 하나님은 모든 것을 아십니다.

의지 하나님은 모든 선한 일을 계획하시고 이루시려는 절대 의지를 가지고 계십니다.

능력 하나님은 뜻하시는 것은 무엇이든 이루실 수 있습니다.

위엄 하나님은 절대 권위를 가지고 계십니다.

이러한 하나님의 모든 속성을 고려할 때 우리는 하나님의 다스리심이 지극히 완전하고 축복된 것임을 깨닫게 됩니다. 하나님은 무한히 복되신 존재이십니다. 또한 그분은 복되신 가운데 영광과 기쁨을 영원히 누리십니다. 모든 피조물은 축복과 완전함의 원천이신 하나님으로부터 축복을 받고 완전함을 누립니다.

성경에 보면 하나님의 속성들이 비유적으로 나타나는 것을 볼 수 있습니다. 이는 원칙상으로는 부적절한 일이지만 인간의 이해를 돕기 위한 것으로, 하나님을 피조물의 특성에 빗대어 표현한 방식입니다. 예를 들어 성경에는 마치 하나님이 사람의 지체, 곧 눈, 귀, 코, 입, 손, 발 따위를 가지고 계시며 인간의 감각과 행동 유형을 따라 움직이시는 것처럼 묘사되어 있습니다. 하나님도 인간처럼 보고, 듣고, 냄새 맡고, 일하고, 걷는 등의 행위를 하신다고 표현되어 있는 것입니다. 아울러 하나님이 인간처럼 기쁨, 슬픔, 희락, 비탄, 사랑, 열정 등의 감정을 가지고 계시는 것으로 묘사됩니다. 이외에도 하나님은 사자, 반석, 망대, 방패 등에 비유되십니다.

하나님의 모든 속성을 생각할 때 명심해야 할 일이 하나 있습니다. 그것은 하나님의 그 어떤 속성도 그분의 본질을 다 드러내지는 않는다는 사실입니다. 하나님의 본질은 무한하고 말로 다 할 수 없는 것입니다.

그러므로 하나님에 대한 말이나 표현 자체가 곧 하나님을 가리키는 것은 아님을 기억하기 바랍니다. 이는 단지 인간의 연약한 이해를 돕기 위해 신성이 지니는 위엄을 인간의 이성과 말로 표현하고 생각한 것일 뿐입니다. 이를 위해 하나님은 말씀의 계시를 통해 스스로를 우리에게 드러내셨습니다.

하나님의 모든 속성은 삼위 하나님 모두에게 해당됩니다. 하나님은 비록 위격에 의해서는 구분되실지라도 그 본질은 동등하시기 때문입니다. 성부는 사랑으로 성자를 낳으시고, 성자 역시 사랑으로 성부로부터 나시고, 성령도 사랑으로 성부와 성자에게서 나오십니다. 이 밖에 다른 모든 속성도 마찬가지입니다.

하나님의 속성들은 그분의 본질과 다르지 않습니다. 본질 안에 속성이 존재하기 때문입니다. 사실 속성은 본질 그 자체입니다. 그러므로 하나님의 신성 안에는 그분의 본질과 인격 외에 다른 것이 전혀 존재하지 않습니다.

하나님의 속성들은 본질상으로나 실제상으로나 서로 다르지 않습니다. 하나님 안에 있는 것은 무엇이든 같은 본질을 지니며 서로 나뉘지 않기 때문입니다.

하지만 인간은 다릅니다. 인간은 단번에 땅 위의 일들을 모두 생각하고 이해할 수 없습니다. 인간은 많은 정보들을 얻고 생각을 해야만 비로소 어떤 것을 이해할 수 있습니다.

따라서 인간은 하나님을 알기 위해 그분의 여러 가지 속성을 알아야만 합니다. 사실 엄밀히 말하면 하나님 안에는 많은 속성들이 존재하지 않습니다. 그분께는 오직 하나, 신성의 본질만이 존재합니다.

하나님의 다양한 속성들은 인간의 이해를 돕기 위한 것일 뿐입니다. 인간은 하나님의 속성들을 통해 그분의 본질을 조금이나마 이해할 수 있습니다. 예를 들어 인간의 관점에서 보면 하나님의 속성 가운데 긍휼과 정의는 반대 개념입니다. 하지만 하나님의 신성 안에 서로 모순되는 속성이 존재한다고 말할 수는 없습니다.

사실 하나님이 다양한 속성을 지니신다는 것은 인간의 관점에서만 가능한 말입니다. 하나님의 속성들은 본질상 서로 나뉘지 않습니다. 이들은 신성의 본질을 구성하는 일부가 아니고, 본질 안에서 우연히 발생한 것도 아니며, 하나의 고유한 성질도 아닙니다. 하나님의 속성들은 하나님의 본질 전체요 그 자체입니다. 따라서 그분의 속성들을 마치 여러 물건들이 함께 놓여 있는 것처럼 이해해서는 안 됩니다. 그분의 속성들은 모두 동일한 하나입니다.

하나님의 신성 안에는 양적인 것이 존재하지 않습니다. 따라서 "이런 속성이 이만큼 있고, 저런 속성이 저만큼 있다"는 식으로 말할 수 없습니다. 또한 하나님의 신성 안에는 질적인 것도 존재하지 않습니다. 따라서 "이런 속성이 이 정도이고, 저런 속성이 저 정도다"라고 구분해 말할 수 없습니다.

하나님의 속성들은 곧 그분의 본질입니다. 하나님은 본질상 지혜로우시기 때문에 지혜 그 자체이십니다. 하나님은 본질상 선하시기 때문에 선 그 자체이십니다. 하나님은 본질상 자비로우시기 때문에 자비 그 자체이십니다. 하나님은 본질상 의로우시기 때문에 의 그 자체이십니다. 그분의 속성을 생각할 때는 항상 이런 식으로 생각해야 합니다.

한마디로 하나님은 한없이 위대하시고, 선하시고, 진실하시고, 의로우시고, 감정에 치우치지 않으시며 자비로우시고, 움직이지 않으시며 행하시고, 보지 않으시며 어디에나 계시고, 시간의 제약을 받지 않으시며 처음과 나중이 되시고, 만물의 주가 되십니다.

다른 모든 피조물은 하나님을 통해 존재하고 그 아름다움을 얻었습니다. 하지만 하나님은 다른 존재로부터 그 선함과 행복을 받지 않으십니다. 아울러 그것들을 증진시키기 위해 다른 무엇을 필요로 하지도 않으십니다.

하나님을 알아야 하는 이유

경건한 삶을 살고자 하는 신자들은 누구나 하나님에 관한 진리를 알아야 하고 반드시 믿어야 합니다. 그 이유는 다음과 같습니다.

첫째, 하나님에 관한 지식은 참되고 유일하신 하나님을 모든 거짓 신과 우상으로부터 구별할 수 있는 분별력을 줍니다. 이는 선택받은 백성, 곧 교회만이 소유할 수 있습니다. 하나님은 자기 백성에게 자신을 드러내십니다(렘 10:25).

둘째, 하나님을 경외하는 마음을 불러일으킵니다. 하나님을 알 때 우리는 그분의 단순성과 무한성, 불변성과 영원성, 지혜와 지식을 찬양하고, 그분의 뜻에 복종하고, 그분의 사랑과 긍휼과 선하심과 오래 참으심에 감사하게 됩니다. 아울러 하나님의 말씀을 신뢰하고, 그분의 능력, 정의, 분노에 두려운 마음을 갖고, 그분의 거룩하심과 복되심을 높이고, 생명과 존재와 모든 선한 것의 근원이신 하나님께 우리의 생명을 의지하게 됩니다.

셋째, 하나님의 거룩한 속성들을 모방함으로써 그분의 형상을 닮아가게 됩니다. 즉 우리도 하나님을 닮아 지혜, 사랑, 선, 긍휼, 진실, 인내, 열심, 죄에 대한 분노 등의 마음을 갖게 됩니다.

넷째, 기도나 묵상을 할 때 하나님에 관한 올바른 생각을 갖게 됩니다. 인간의 마음속에는 불경하고 온당치 못한 생각들이 자연스럽게 일어납니다. 예를 들어 하나님을 의자에 앉은 노인의 모습으로, 또는 가톨릭 성당 창문에 그려진 모습대로 삼위일체를 세 갈래로 나뉜 우상처럼 생각할 수 있습니다. 하지만 하나님의 속성들을 바르게 알면 그런 생각을 하지 않게 됩니다.

하나님께 기도드릴 때는 마음으로 그분께 아뢰어야 합니다. 그분은 영원하시고, 무한하시고, 전능하시고, 지혜로우시고, 정의로우시고, 사랑이 많은 영이시며, 가장 완전한 분이십니다. 아버지, 아들, 성령 하나님은 서로 본질상 동등하시고, 모든 곳에 임재하시고, 하늘과 땅을 다스리시고, 인간의 모든 생각과 고통을 아시고, 우리에게 필요한 모든 은혜를 내려주시고, 고난과 어려움에서 건져주시기를 간청하는 회개한 죄인들을 구원하시는 하나님이십니다(시 90:2; 왕상 8:27, 30; 창 17:1; 욥 15:25; 사 6:3; 계 4:8, 15:4; 롬 11:33, 16:17; 신 32:4; 시 145:8-9, 17; 요 4:24; 요일 5:7; 마 3:16, 28:19; 고후 13:13; 렘 17:10, 23:24; 단 4:32; 행 1:24).

하나님에 대한 참된 지식이 없을 경우 참되신 하나님을 우상으로 만들 가능성이 높습니다. 하나님을 믿는다고 고백하지만 여전히 불경한 행위와 위선에서 벗어나지 못하는 것도 하나님을 잘 모르기 때문에 일어나는 일입니다. 하나님을 잘 알면 경외함으로 그분을 섬기는 일 외에는 감히 다른 일을 할 수 없게 됩니다. 하나님을 진정으로 알 때 우리는 그분을 두려워하게 되고, 믿음과 행위가 일치하는 삶을 살 수 있습니다. 그 이유는 다음과 같습니다.

첫째, 하나님을 알 때 성경에 계시된 대로 그분의 위엄을 높이고 찬양할 수 있습니다.

둘째, 마음속에 하나님에 대한 사랑과 경외심이 싹트고, 그분을 신뢰하게 됩니다.

> "내가 아버지일진대 나를 공경함이 어디 있느냐
> 내가 주인일진대 나를 두려워함이 어디 있느냐"(말 1:6).
> "너희는 여호와의 선하심을 맛보아 알지어다"(시 34:8).

우리는 시편 34편에 기록된 다윗의 고백과 같이 하나님의 선하심을 맛보지 않으면 그분이 얼마나 선하신지 알 수 없습니다. 요한일서 2장 4절은 "그를 아노라 하고 그의 계명을 지키지 아니하는 자는 거짓말하는 자요"라고 말씀합니다. 하나님을 알면 우리는 그분의 선하심, 사랑, 정의, 긍휼, 인내 및 다른 속성들을 따라할 수 있습니다.

셋째, 다가올 세상에서 하나님을 온전히 알고자 간절히 원하게 됩니다.

넷째, 하나님을 사랑하게 됩니다. 세상에는 하나님을 아는 사람들이 거의 없습니다. 따라서 그들은 그분을 사랑하지 못합니다. 하지만 하나님과 그분의 본성, 또한 그분의 선하심을 알면 하나님을 사랑하지 않을 수 없게 됩니다. 하나님을 사랑하면 또한 그분을 더욱 잘 알게 됩니다. 하나님 외에 다른 것을 더 사랑하는 것은 그분께 합당하지 않습니다. 하나님 외에 다른 것에 마음과 사랑을 두는 것도 마찬가지입니다.

하나님의 전능하심을 알면 마귀와 원수들을 두려워하지 않게 되고, 어려움에 처할 때 하나님을 신뢰하고 그분의 구원의 손길을 간구하게 됩니다. 하나님의 무한하심을 알면 그분을 분노케 할 일은 감히 하지 못하게 됩니다. 하나님의 단순성을 알면 마음이 나뉘어 위선을 행하는 일이 없게 됩니다. 하나님의 선하심을 알면 세상의 아름다움보다 하나님을 더욱 사모하게 됩니다. 하나님이 의로운 재판관이심을 알면 죄를 지었을 때 감히 회개하지 않을 수 없게 됩니다. 하나님의 지혜로우심을 알면 이해할 수 없는 인간 세상의 일들로 인해 감히 하나님을 원망하지 않고, 모든 것이 합력하여 선을 이루리라는 믿음을 갖게 됩니다(롬 8:28). 하나님의 진실하심을 알면 그분의 약속을 믿어 의심치 않게 됩니다. 하나님의 아름다우심과 완전하심을 알면 그분만을 사랑하고 원하게 됩니다.

아름다움과 부와 지혜를 원한다면 하나님만을 바라십시오. 하나님이야말로 가장 아름다우시고, 가장 부하시고, 가장 지혜로우시기 때문입니다. 피조물이 지닌 탁월함이 제아무리 훌륭하다

할지라도 하나님 앞에서는 반딧불에 불과합니다. 장차 하늘나라에서 하나님과 대면할 때 우리는 그분과 온전한 교통을 누릴 것입니다. 한마디로 말해, 하나님은 선 자체이시고 모든 것 위에 모든 것이 되십니다.

그러므로 가장 아름답고 선하신 하나님을 사랑하십시오. 하나님을 아는 지식, 곧 구원의 지식을 가진 자는 마땅히 하나님을 사랑함으로써 그분을 아는 법을 배워야 합니다. 하나님은 사랑이시기 때문입니다. 하나님을 사랑함으로써 얻은 지식이야말로 다른 모든 지식을 능가합니다(엡 3:19; 요일 4장). 솔로몬이 말한 대로, 하나님을 사랑하는 법을 아는 것 외에 모든 지식은 아무것도 아닙니다. 그러한 지식은 헛된 것이며 마음만 괴롭게 할 뿐입니다(전 1:17).

이렇게 기도하십시오. "하나님, 당신을 사랑하는 마음이 제 영혼 속에 불일듯하게 하옵소서. 주님은 우리가 그리스도의 피로 화목케 되기를 기뻐하십니다(롬 5:9-10; 요 17:3, 22; 고전 15:8). 주님의 은혜를 깨달아 영광스러운 주님과 교통하게 하옵소서. 주님 안에 영원한 행복과 선함이 가득하다는 사실을 알게 하시니 감사합니다."

우리는 하나님의 말씀을 통해 여호와 엘로힘, 즉 영원하신 삼위일체 하나님을 어렴풋이 알게 됩니다. 그분을 믿는 것이 곧 구원 신앙이며 참된 진리입니다. 하늘과 땅에 있는 모든 피조물로부터 찬양과 영광과 권세가 하나님께 영원히 올려지기를 원합니다.

chapter
2

경건 Class #2
타락한 인간

아담과 하와의 타락으로 거듭나지 못한 모든 인간은 끝없는 비참함을 경험하게 되었습니다. 타락한 인간과 거듭난 신자의 결국은 상극입니다. 후회하기에는 너무 늦은 때가 반드시 옵니다. 인간의 현실을 적나라하게 앎으로써 우리는 빨리 돌이킬 수 있습니다.

인간은 비참한 존재입니다. 그 끝없는 비참함을 어디서부터 이야기해야 할지 모르겠습니다. 인간은 잉태된 순간부터 저주받은 존재로서, 잠깐 동안 살다가 영원한 죽음에 처할 운명을 타고 났습니다. 인간의 불행은 시작은 있지만 끝이 없습니다.

본래 아담과 하와는 하나님의 형상대로 지으심을 받아 낙원에 살도록 배려되었습니다. 아담과 하와는 물론 그들의 후손 모두 땅을 다스리며 불멸의 삶을 누리게끔 되어 있었습니다. 그들에게는 한 나무의 열매를 따 먹어서는 안 된다는 금지 조항이 주어졌을 뿐입니다. 이는 전능하신 하나님께 복종해야 한다는 점을 깨우쳐주기 위한 상징이었습니다. 하나님은 "선악을 알게 하는 나무의 열매는 먹지 말라 네가 먹는 날에는 반드시 죽으리라"(창 2:17)고 말씀하셨습니다.

하지만 아담과 하와는 하나님의 말씀보다 마귀의 말을 더 믿었고, 하나님을 거짓말쟁이로 만들어버렸습니다. 하나님이 내려주신 모든 것에 감사해야 마땅한데도 자신들의 현재 상태를 불만족스럽게 여겼습니다. 한마디로 '하나님은 인색하실 뿐 아니라 우리가 잘되는 것을 시기하시는 것 같아'라고 생각했습니다. 아울러 하나님이 내려주시는 것보다 더 많고 더 영광스러운 것을 마귀가 줄 것이라고 여겼습니다.

결국 그들은 교만함으로 지극히 높으신 하나님께 반역을 저질렀습니다. 그것은 곧 하나님의 종이 되어 그분을 섬기는 일을 못마땅하게 여기고 스스로 하나님과 동등한 신이 되고자 한 것이었습니다.

그 결과 아담과 하와는 하나님의 형상을 잃어버렸고, 회개하지 않는 한 마귀나 다름없는 존재가 되고 말았습니다. 그것은 그들의 후손도 마찬가지였습니다. 그들은 반역의 피를 이어받아 이 세상에서 저주받은 비참한 상태에 놓이게 되었고, 다가올 세상에서 마귀와 그의 사자들을 위해 예비된 불못에 던져질 운명에 처했습니다.

그러므로 모든 헛된 욕망을 잠깐 접어두고 이 비참한 인간의 운명에 관해 생각해 봅시다. 아마도 이야기를 다 듣고 나면 '하나님의 은혜를 의지해 열심히 경건한 삶을 살지 않으니 차라리 태어나지 않는 게 더 나을 거야'라는 결론을 내리게 될 것입니다.

인간의 비참함은 다음과 같이 세 가지로 구분해서 생각해 볼 수 있습니다.

- 세상에서의 비참함
- 죽는 순간의 비참함
- 사후의 비참함

인간은 세상에서 육체와 영혼이 고초를 겪을 뿐 아니라 죽는 순간에도 고난을 당하고, 사후에는 지옥에서 고통을 당합니다.

세상에서의 비참함

세상에서 인간이 당하는 고초를 유아기, 청년기, 장년기, 노년기 등 네 단계로 나누어 생각해 보면 다음과 같습니다.

첫째, **유아기**의 인간은 인간의 형태를 띠고 있을 뿐 말도 못하고 자의식도 뚜렷하지 않은 무력한 존재에 불과합니다. 원죄를 지니고 태어난 인간은 세상에 벌거벗은 채 던져집니다. 출생은 산모에게도 괴로운 일이며 힘든 세상에 태어난 당사자에게도 고통일 뿐입니다. 그러므로 인생에 자랑할 일이 그 무엇일까요? 말 한마디 못하고, 다만 울음으로 의사를 표현하는 무력한 상태로 태어나는 인간의 비참함이 얼마나 큽니까?

둘째, **청년기**의 인간은 마치 길들이지 않은 짐승과 같습니다. 현명한 조언을 거부하고, 경솔하고 버릇없는 행동을 일삼는 것이 특징입니다. 청년기의 인간은 마치 원숭이가 놀이하듯 하찮은 일을 즐거워하며 살아갑니다. 물론 약간의 힘과 분별력을 갖기는 하지만 늘 부모나 주인으로부터 훈계를 듣고 매질을 당합니다. 자신의 의지대로 살기보다는 마치 다른 사람의 징계를 받기 위해 태어난 것처럼 보입니다. 결국 힘겨운 노새가 '등에 진 짐을 어서 벗었으면' 하고 바라는 것보다 더 간절하게 '어서 이

노예 신세에서 벗어났으면' 하고 바라는 마음을 갖게 됩니다. 그가 당하는 괴로움은 말로 표현할 수 없을 정도입니다.

셋째, **장년기**의 인간이 살아가는 세상은 마치 험한 파도가 연신 밀려드는 바다와 같습니다. 인생은 파도가 한 번 밀려들고, 뒤이어 더 거센 파도가 계속해서 밀려드는 바다와 다름없습니다. 세상에 발을 들여놓는 순간 인간은 구름 떼와 같은 불행에 휩싸입니다. 육체의 욕망에 시달리고, 세상의 쾌락에 이끌리고, 마귀의 유혹을 받아 온갖 죄를 짓습니다. 아울러 원수들을 두려워하고, 온갖 소송에 시달리고, 나쁜 이웃으로부터 괴롭힘을 당하고, 배우자와 자녀에 대해 염려하고, 거짓된 친구와 적으로 인해 마음이 어지럽고, 양심의 가책을 받아 시달리는 삶을 삽니다. 한편으로는 삶을 고달파하고, 다른 한편으로는 성공하고 싶은 애절한 마음을 갖습니다.

인간에게는 자신이 저지른 죄에 대한 하나님의 심판이 예비되어 있습니다. 발아래에서 지옥이 그를 삼키려고 입을 크게 벌리고 있습니다. 이러한 인간에게 과연 어떤 안식과 위로가 있을 수 있겠습니까?

집에 오면 온갖 걱정 근심이 가득하고, 밖에 나가면 뼈가 휘도록 일해야 하고, 주위는 온통 무례한 인간들로 가득하고, 서로 파당을 나누어 싸움질을 일삼고, 교회에는 온갖 사이비들이 판치고, 바다에는 해적이 들끓고, 땅에는 도처에 강도떼가 숨어 있습니다.

그뿐이 아닙니다. 세상에서 가난은 악덕이요 부는 미덕으로 여겨집니다. 세상은 욕심 없는 단순한 삶을 조롱하고 종교적 진리를 불신합니다. 악이 활개를 치고 선이 오히려 수치를 당합니다.

이처럼 사악한 세상에서 죄의 몸을 가지고 산다는 것은 그 자체로 큰 어려움을 가져다줍니다. 눈은 헛된 것을 바라보는 창문이고, 귀는 불의한 것을 담는 문이고, 감각은 욕망을 지피는 불꽃이고, 마음은 사탄이 음란하고 추한 생각을 심는 장소에 불과합니다.

어제 부자였던 사람이 오늘 거지가 되는 경우도 있고, 어제 건강했던 사람이 오늘 병들 수도 있으며, 어제 즐거웠던 사람이 오늘 슬프게 통곡할 수도 있습니다. 어제 사람들의 칭찬을 받다가 오늘 수치를 당할 수도 있고, 어제 살아 있었는데 오늘 죽을 수도 있습니다. 얼마나 빨리, 어떤 방법으로 죽을지 인간의 운명은 아무도 알 수 없습니다.

죄인인 인간에게 일어날 수 있는 온갖 불행, 즉 비탄, 탄식, 질병, 불명예, 재난 등은 일일이 다 나열할 수 없을 정도입니다.

  마지막으로, **노년기**는 어떻습니까? 한마디로 노년기는 인생의 모든 불행을 한데 담은 그릇과 같습니다. 인생을 오래 살아온 것이 무엇이 유익하겠습니까? 머리가 벗겨져 대머리가 되고, 망령이 들고, 얼굴이 쭈글쭈글하고, 치아가 다 썩어 몇 개 없고, 숨소리가 거칠고, 말과 행동이 퉁명스럽고, 온몸에 윤기가 없고, 눈이 어둡고, 귀가 잘 안 들리고, 늘 질병에 시달리고, 연약하고, 고통 외에는 아무것도 느끼지 못할 뿐입니다. 늙은 육체에는 온몸이 갈기갈기 찢기는 고통만이 남을 뿐이며, 무덤에 던져질 때까지 비탄하고 서글픈 생각밖에는 들지 않습니다.

  인간의 영혼이 잃어버린 행복은 곧 하나님의 형상입니다. 인간의 영혼은 본래 하나님의 형상대로 창조되었습니다. 여기에는 세 가지 의미가 담겨 있습니다.

  첫째, 인간은 하나님을 아는 지식을 가질 수 있었습니다. 아울러 그 지식으로 하나님의 계시된 뜻을 온전히 이해할 수 있었습니다(골 3:10; 롬 12:2). 둘째, 인간은 거룩한 삶을 살 수 있었습니다. 즉 인간은 모든 부패에서 벗어나 자유로울 수 있었습니다. 셋째, 인간은 의롭게 살 수 있었습니다. 다시 말해 인간은 자신의 자연적 능력으로 모든 행위에 대해 의로울 수 있었습니다.

그러나 인간은 하나님의 형상을 잃어버렸습니다. 그로써 하나님에 대한 사랑도 잃어버렸고, 그분과의 축복된 관계 역시 상실했습니다. 하나님과의 관계 안에 인간의 참 생명과 행복이 놓여 있었는데, 결국 모든 것을 잃고 만 것입니다. 땅 위의 행복을 잃어도 속이 상하는데 하늘의 보화는 어떻겠습니까? 참으로 슬픈 일입니다.

인간이 하나님의 형상을 잃어버림으로써 스스로 초래한 불행은 두 가지인데, 곧 죄성과 저주입니다.

먼저, 죄성에 관해 생각해 보겠습니다. 인간은 그 본성과 행위에 있어서 완전히 부패한 상태입니다. 인간은 항상 죄를 지을 수 있는 성향을 갖고 있으며(엡 2:3; 창 6:5), 그 마음은 헛된 것으로 가득 차 있습니다(롬 12:2; 엡 4:17). 인간의 의지 역시 다툼과 허영뿐입니다(빌 2:3). 인간의 행위도 한가지로 치우쳐 악할 뿐입니다(롬 3:12).

인간의 영혼은 전적으로 부패했기 때문에 심지어 거듭난 신자라 할지라도 이성보다는 정욕에 이끌려 죄를 짓기가 쉽습니다. 타락한 인간의 영혼은 죄, 정욕, 더러움, 욕망, 시기심, 탐식, 술취함, 복수심, 분노 등으로 왜곡되고 오염되었기 때문에 하나님의 영광스러운 모습을 잃어버리고 추한 마귀의 모습으로 변해버렸습니다(요 8:44). 하나님이 "땅 위에 사람 지으셨음을 한탄하사 마음에 근심"(창 6:6)하실 정도가 되어버렸습니다.

다음으로, 타락한 인간에게 임한 저주에 대해 생각해 보겠습니다(신 27:26; 갈 3:10; 시 119:21). 인간의 육체가 삶의 고난과 죽음의 고통을 받았듯 인간의 영혼도 저주를 받았습니다. 그 결과 인간의 영혼은 모든 일에 있어서 불행과 파멸을 당하게 되었습니다(롬 2:4-5; 렘 28:13; 사 28:13). 죄를 지은 인간은 죄책감 때문에 하나님 앞에 나아가 그분을 섬길 수 없고(창 3:8, 10, 4:14), 오히려 마귀와 정욕의 노예가 되고 말았습니다(롬 1:21, 24, 26; 엡 2:2; 골 1:13). 이것이 세상을 살아가는 인간의 영혼에 임한 저주입니다.

죽는 순간의 비참함

인간은 누구나 노년기에 이르면 오랜 질병으로 고통을 당합니다. 그처럼 극심한 고통을 견디다 보면 자연히 '어서 죽어 모든 고통에서 벗어나고 싶다'는 마음을 갖게 됩니다. 다시 말해 자연이 가져다주는 운명의 순간을 기다리게 되는 것입니다.

하지만 죽음은 하나님의 저주이자 지옥의 문입니다. 죽음의 문턱에 이른 노인의 얼굴을 본 적이 있습니까? 참으로 소름끼치는 모습이 아닐 수 없습니다. 죽음은 나이가 들었다고 해서, 그가 오랜 세월을 고통스럽게 살아왔다고 해서 봐주지 않습니다. 은금을 준다 해도 찾아오는 죽음을 막을 수는 없습니다. "가죽으로 가죽을"(욥 2:4) 바꾸듯이 자신의 생명을 구하기 위해 전 재산을 내어준다 한들 죽음을 거역할 수는 없습니다. 죽음은 인체의 주요 기관, 즉 오장육부와 사지를 강타하며 찾아오고, 인간으로 하여금 두려운 재판관이신 하나님 앞에 서게 만듭니다.

숨이 끊어지지 않은 채 온갖 고통을 당하며 힘겹게 죽어가는 노인의 모습을 상상해 보십시오. 얼마나 많은 고통을 견디며 죽어가는지 모릅니다. 몸이 여기저기 콕콕 쑤시고, 경련이 나고, 열이 오르고, 폐색증에 시달리고, 눈물과 콧물이 쏟아지고, 가래가 끓고, 복통이 나고, 결석이 생기고, 가스가 차는 등 그 고통이 말이 아닙니다.

죽음이 찾아온 순간 침상에 누운 노인의 눈은 퀭하고, 식은땀이 전신에 흘러내리고, 사지가 달달 떨리고, 머리가 쑤시고, 얼굴이 창백하고, 코는 검게 되고, 아래턱이 축 처지고, 안근이 늘어지고, 말을 더듬고, 숨을 헐떡이고, 한 번씩 숨을 내쉴 때마다 심근이 부서져 나갑니다. 그러는 동안 비참한 그의 영혼은 자신의 육체가 죽어가고 있다는 것을 알게 됩니다.

세상의 종말이 오면 태양이 변하여 어둠이 되고, 달이 변하여 피가 되고, 별들이 하늘에서 떨어집니다. 하늘에는 폭풍이 휘몰아치고, 불꽃을 길게 늘어뜨리며 떨어지는 별똥별들로 가득하고, 바다는 성내며 소리칩니다. 그때 인간의 마음은 마지막 때가 왔음을 알고는 두려워 낙심합니다.

이는 죽을 때도 마찬가지입니다. 인간의 죽음은 하나의 작은 세상이 끝나는 순간입니다. 태양과 달이 빛을 잃듯 눈이 그 빛을 잃고, 달이 핏빛으로 변하듯 주홍같이 붉은 죄 외에는 아무것도 보이지 않습니다. 작은 별들이 떨어지듯 인체의 모든 감각이 하나둘씩 사라지고, 천체가 흔들리듯 절망의 폭풍과 지옥의 불길 속으로 곧 휘말려 타들어 가리라는 두려움으로 마음과 이성이 온통 흔들립니다. 땅 위의 것들이 흔들리듯 몸이 떨리고, 바다가 성내며 소리치듯 고통스러운 인생이 저주스럽게 끝나간다는 생각에 목구멍에 거품이 입니다.

인간은 죽은 뒤에 하나님의 법정에 섭니다. 하지만 죽기 이전에 이성이 재판관이 되어 스스로를 저울질해 봅니다. 그의 상상 속에는 마치 스가랴의 환상처럼 거대한 두루마리가 펼쳐집니다 (슥 5:2; 겔 2:10). 그 두루마리 안에는 자신이 저지른 악한 행위와 선한 행위, 죄로 인한 저주와 심판이 기록되어 있어 주마등처럼 지나갑니다. 그로 인해 인간은 양심의 가책을 느끼고, 죄를 지었던 기억이 되살아나 두려움을 느낍니다.

그러나 이미 죽음은 잔인한 사형 집행인처럼 삶을 거두어가기 위해 눈앞에 와 있는 상태입니다. 자기 스스로도 자신을 정죄할 수밖에 없는 상황이라면 모든 것을 아시는(요일 3:20) 하나님이 보시기에는 어떻겠습니까?

자신을 괴롭히는 과거의 악행에 관한 기억을 애써 떨치려 해도 그 기억은 사라지지 않고 다시 떠올라 마음속에서 이렇게 소리를 지릅니다. '우리는 네가 저지른 죄들이다. 그러니까 우리는 너를 따라다닐 것이다!'

그런 생각으로 마음이 온통 어지럽고 불안한 가운데 배우자와 자녀와 친구들은 곁에 서서 빨리 유언을 남겨 재산을 분배하기를 재촉합니다. 개중에는 슬피 우는 사람도 있고 가엾게 여기는 사람도 있겠지만 쉬파리 떼 같은 탐욕스러운 마음을 감춘 사람도 있을 것이 틀림없습니다(눅 12:20).

지옥에서 온 마귀는 영혼이 육체에서 빠져나오는 순간 즉시 데려가기 위해 곁에서 조용히 기다리고 있습니다. 인간의 영혼은 자신이 머물고 있는 육체가 점점 죽어가고 있다는 것을 느낍니다. 영혼은 마치 집이 머리 위로 허물어져 내리는 듯한 두려움을 느끼고 몸 밖으로 빠져나오려고 합니다. 지옥 사자들은 영혼이 어서 나오기를 기다립니다.

살아생전 수많은 날을 헛된 일에 낭비하며 살다가 이제는 마침내 온 세상을 포기하고 죽을 때가 닥친 것입니다. 살아온 날들을 후회하며 하나님과 화해하려고 애쓰지만 그럴 수가 없습니다. 그동안 죄의 습관에 너무나 깊이 물들었기 때문에 회개하려고 해도 할 수가 없는 것입니다.

죽음의 순간에는 마치 예전에는 즐거움이 전혀 없었던 것처럼 사라져버리고 영원히 끝이 없는 고통만 남습니다. 과거에 지은 죄를 후회한들 소용없고, 죽어가는 비참한 자신의 모습을 한탄한들 소용없습니다. 다가올 고통에 대한 두려움에 온몸이 전율할 따름입니다.

주변을 돌아보며 도움을 요청하지만 어디에서도 도움을 얻을 수 없습니다. 절망스러워 단 한마디의 위로의 말이라도 듣고 싶어 하지만 아무것도 들을 수가 없습니다. 자신의 눈을 향해 "눈아, 전에 그토록 무엇을 잘 봤던 눈아, 이제 나를 위해 자그마한 위안이라도 발견해 주려무나. 이 두려움에서 벗어날 방법을 찾아주려무나!" 하고 부르짖습니다. 하지만 안근이 이미 풀어져 모든 것이 흐릿해지고, 밤인지 낮인지 구별조차 하지 못하는 상태가 되어버린 눈이 해줄 수 있는 것은 전혀 없습니다.

눈을 통해 아무런 위안도 받지 못하자 이제는 귀를 향해 말합니다. "귀야, 전에는 늘 즐거운 말소리와 달콤한 음악 소리를 그토록 잘 들었잖니? 나를 위해 자그마한 안위와 즐거운 소식을 어서 전해 주려무나!" 하지만 이미 청력이 약화되어 아무런 소리를 들을 수 없습니다. 심지어 가장 사랑하는 사람의 목소리조차 듣지 못합니다. 사는 동안 복음의 기쁜 소식을 듣지 못했던 귀가 과연 죽어가는 순간에는 즐거운 소식을 들을 수 있을까요? 물론 그럴 수 없습니다. 귀로도 아무런 위안의 소리를 들을 수 없습니다.

귀도 소용이 없게 되자 이제는 혀를 향해 말합니다. "혀야, 사랑스러운 말을 크게 외치던 혀야, 그동안 늘 용감하게 말해 왔잖니? 네 도움이 정말 필요한 이때에 나를 위해 한마디 변호라도 해주지 않겠니? 이 원수들을 위협하여 내쫓아주지 않겠니?" 하지만 이미 입천장에 달라붙은 혀가 무슨 말을 할 수 있겠습니까? 이미 혀는 물을 달라는 말은커녕 "가래가 숨구멍을 막아 숨을 못 쉬겠소. 제발 가래 좀 빼주시오!"라는 말조차 할 수 없게 되었습니다.

아무 데서도 도움을 받지 못하자 이제는 발에게 말합니다. "발아, 그렇게 민첩하게 움직이던 발아, 이 끔찍한 장소에서 나를 도망하게 해다오!" 하지만 이미 돌처럼 무거워져 움직일 수 없게 된 발이 무엇을 해줄 수 있겠습니까?

그러자 이제는 손을 향해 말합니다. "손아, 전쟁이 일어났을 때나 평화로울 때 사내다운 용맹을 떨치던 손아, 그동안 나를 보호하고 나의 적들을 물리쳐오지 않았니? 지금 너의 도움이 절실히 필요하구나. 죽음이 나를 죽이려고 모질게 위협하고 있단다. 지옥 사자들이 내 침상에 둘러서서 나를 삼키려 드는구나. 나를 도와다오. 그렇지 않으면 나는 영원히 멸망할 것이다!" 하지만 손도 맥이 풀린 지 오래입니다. 손가락 하나 까딱할 수 없게 되었는데 무엇을 바라겠습니까!

친구도 없고, 아무런 도움이나 위로도 받을 수 없는 자신의 비참한 모습을 본 영혼은 결국 자신이 곧 영원한 고통에 처하리라는 사실을 깨닫고는 모든 것을 포기하기에 이릅니다. 그의 마음속에는 비탄과 슬픔만이 들끓습니다.

"나는 이제 비참히 죽는구나. '사망의 물결이 나를 에우고 불의의 창수가 나를 두렵게'(삼하 22:5) 하는구나. 이제 첫째 사망과 둘째 사망의 덫이 즉시 나를 낚아채버리겠구나. 마치 눈으로 태양이 움직이는 것을 볼 수 없듯이 사망이 오는 것을 보고 싶어도 보지 못한 채 아무런 감각도 없이 죽게 되었구나. 사망이 사정없이 달려들어 나를 죽이겠구나. 하나님이 무심하게도 나를 버리시고, 긍휼을 모르는 마귀가 나를 데려가려고 기다리고 있구나.

하나님의 말씀을 전하는 설교자들이 이런 비참한 날이 오리라고 그 얼마나 경고했던가? 아, 그 말을 전혀 귀담아듣지 않고 무시했던 것이 후회스럽다.

내가 자랑하던 좋은 집과 옷이 다 무슨 소용인가? 그 맛있던 음식들이 이 순간에 다 무슨 소용인가? 그동안 세상의 재물을 모으려고 애를 써왔을 뿐 내 양심을 위해서는 아무것도 한 것이 없구나. 과거에 누렸던 육체의 쾌락도 이제는 다 소용이 없구나. 그러한 즐거움은 나를 속이는 어리석은 것이었을 뿐, 사라지는 그림자와 같은 것이구나. 순간의 쾌락 때문에 영원한 고통을 받을 생각을 하니 지옥에 들어가기도 전에 벌써부터 지옥의 고통이 나를 엄습한다.

하지만 이것이 내가 마땅히 받아야 할 고통이라고 솔직히 인정할 수밖에 없지 않은가? 나는 하나님의 형상으로 지음받은 영혼을 소유한 인간으로서 나 자신이 잘못되고 있음을 느꼈고, 또 몇 번이나 하나님께로 돌아오라는 제안을 받았음에도 불구하고 은혜를 무시하고 하나님보다 죄를 더 사랑했지. 결국 마지막에 내가 심판을 받으리라는 생각을 하지 않고 짧은 인생을 이렇게 헛되이 살아왔구나.

지금까지 누려왔던 즐거움을 다 합치더라도 이 고통에서 조금도 위로받을 수 없는 나 자신이 참으로 한심하구나. 내가 누린 쾌락은 일시적인 것이고, 이제는 다 사라져버렸어. 이제 영원히 끝나지 않을 비참한 운명에 처하게 되겠지.

아! 여러 가지 악한 일들에 써버린 시간들을 성경 읽기와 설교 듣기, 성찬 참여와 기도, 회개와 금식에 사용하여 내 영혼을 위해 준비했더라면 지금쯤 영원한 구원의 소망을 확신하며 기쁘게 떠날 수 있었을 텐데……. 인생을 다시 한 번 살 수 있다면 얼마나 좋을까? 그럴 수만 있다면 세상의 모든 헛된 것을 경멸하고, 경건하고 순결한 삶을 살고, 교회에 자주 나가고, 주일을 성수하며 살 텐데……. 그렇다면 사탄이 아무리 세상의 모든 부귀영화를 준다 해도 이 마지막 운명의 시간을 예상하며 그 속임수에 넘어가지 않을 텐데…….

하지만 이제는 늦고 말았다. 부패한 시체와 썩은 고깃덩어리 같은 비참한 나여, 그동안 마귀에게 속고 말았구나. 이제는 마귀와 함께 영원한 심판을 받을 수밖에 없으리. 이제 나는 도랑에서 죽은 짐승만도 못한 신세가 되고 말았어. 하늘의 의로우신 재판관이 나를 심판하실 텐데 그 앞에서 대답할 말도 없고, 그동안 나를 은밀하게 꼬여 죄를 짓게 한 사악한 마귀가 나를 정죄할 텐데 스스로를 변호할 말도 하나 없구나. 이미 내 양심도 나를 정죄하니 영원한 심판을 받을 수밖에 없지 않은가?

지옥 사자들이 하나님의 법정에서 나를 끌어내려 영원한 고통과 어둠이 있는 끔찍한 감옥에 가둘 거야. 그곳에서 나는 하나님이 창조하신 아름다운 빛을 영원히 보지 못하겠지? 지금까지 방탕하게 살아온 대가로 이제는 잔악한 독수리의 발톱에 사로잡혀 바들바들 떨고 있는 참새처럼 사탄에게 붙잡힌 신세가 되고 말았구나.

오늘 밤 나는 어디에서 안식을 얻으며 누가 나의 친구가 될까? 생각만 해도 끔찍하구나. 내가 태어난 날이 저주를 받았더라면, 어머니가 나를 잉태한 날이 없었더라면, '아들이요 아들!' 하고 외치면서 내 아버지를 위로한 사람이 없었더라면, 모친의 배 속에서 그대로 죽었거나 영원히 그 안에 머물렀더라면 얼마나 좋았을까? 이 지옥의 끔찍한 고통과 영원한 수치를 당하려고 세상에 나왔던가? 내가 이 세상에 나온 바로 그날이 저주를 받았더라면 정말 좋았을 텐데…….

이제 나는 내 육체와 작별을 고하게 되었구나. 이 얼마나 슬프고 비참한 운명의 시간인가! 하지만 장차 이보다 훨씬 더 끔찍하고 무서운 최후의 심판이 기다리고 있지 않은가! 그때 이 육체도 다시 살아나 영원한 심판을 받으리라.

아! 이 때늦은 후회가 무슨 소용이란 말인가? 나의 마지막 시간이 다가왔도다. 내 심장의 고동소리가 희미해지고, 흙으로 지은 이 육체의 집이 머리 위로 무너져내리려 하는구나. 소망도, 도움도, 더 이상 거할 곳도 없구나. 이제 나는 가야 하고, 내 육체는 더러운 시체로 변하겠구나. 잘 있거라. 나는 떠난다."

인간의 영혼은 죽은 자의 몸에서 빠져나와 지옥 사자의 손에 붙잡혀 끝이 보이지 않는 불과 유황 못에 던져집니다. 그리고 그곳에서 최후의 심판이 이를 때까지 죄인처럼 갇혀 있게 됩니다 (계 21:8; 유 6절; 벧전 3:19).

끔찍한 시체로 변한 육체는 무덤에 장사됩니다. 예수님의 말씀대로 죽은 자들이 죽은 자를 장사합니다. 즉 죄로 인해 죽어 있는 자들이 육신의 죽음을 당한 이를 땅에 묻습니다.

믿음이 없고 거듭나지 못한 사람은 마치 이 세상이 천국인 양 자신의 배를 신으로 삼고 육체의 정욕을 따라 살아갑니다. 결국 그들은 헛된 삶을 살아온 대가로 죽음의 순간에 비참한 최후를 맞이하게 됩니다.

형통할 때 하나님을 섬기지 않고 교만한 삶을 사는 사람들은 어려움에 처했을 때 그분의 구원을 받을 수 없습니다. 마귀를 섬겨온 그들은 결국 그에 합당한 결과를 맞이하기 마련입니다. 다시 말해 혐오스러운 삶을 살다가 비참하게 죽어갈 뿐입니다.

영혼은 마귀가 취하고, 육체는 저주받은 시체가 됩니다. 땅속, 즉 사망과 슬픔의 지하 감옥에 묻혀 입에 흙을 가득 문 채 썩어갑니다. 배는 구더기가 파먹고, 시체는 부패해 냄새가 납니다. 영혼과 육체가 함께 죄를 지었기 때문에 장차 부활의 날이 오면 다시 만나 마지막 심판을 받고 영원히 고통당할 것입니다.

사후의 비참함

인간은 누구도 사후의 저주에서 벗어날 수 없습니다. 인간은 끝없이 깊은 구덩이에 빠져 전능하신 하나님의 진노를 당하게 됩니다. 이것을 지옥의 저주라고 합니다(눅 8:28, 16:23; 살전 1:10; 마 23:33).

영혼이 육체를 떠나는 순간 즉시 저주가 임합니다(눅 16:22-23; 벧전 3:19; 유 6-7절). 그리고 그 순간 인간은 하나님을 보게 됩니다. 이미 육체의 눈이 쓸모없어진 뒤이기 때문에 하나님의 영광과 함께 예수님이 하나님 우편에 서신 것을 본 스데반처럼(행 7:56) 인간의 영혼은 영안으로 눈앞의 상황을 봅니다. 이 경험은 마치 맹인으로 태어나 한 번도 태양을 본 적이 없는 사람이 기적적으로 시력이 다시 살아나 갑자기 태양을 보게 되는 것과 같습니다.

양심의 증언과 모든 것을 다 알고 계시는 의로운 재판관이신 그리스도의 판결을 통해 인간의 영혼은 자신에게 임할 운명과 심판을 곧 깨닫습니다. 타락한 인간의 영혼은 거룩한 하늘 앞에 선 자신의 더러운 모습을 보면서 하나님의 보좌 앞에 섭니다. 그리고 악한 천사들의 손에 붙잡혀 즉시 지옥에 사정없이 내던져집니다. 인간의 영혼은 마치 감옥에 갇힌 듯 지옥에서 결박을 당한 채 최후의 심판이 이를 때까지 어둠 속에서 고통을 받습니다. 마지막 날에는 그보다 더 극심한 고통을 당할 것입니다.

인간의 영혼과 육체에 임하는 저주는 마지막 날 온전히 이루어질 것입니다. 그날에는 하늘과 땅의 재판관이신 예수 그리스도의 능력으로 죽은 자들이 지옥과 무덤에서 나와 그들의 악한 행위에 따라 두려운 처벌을 받을 것입니다(벧후 2:9; 유 7절; 계 11:18, 20:13; 요 5:28-29). 또한 바다가 성내며 소리치고, 땅이 진동하고, 하늘의 권능이 흔들리고(마 24:29; 눅 21:24-25), 하늘의 징조가 나타날 것입니다. 그날 지옥에 있던 모든 죄인은 각각 마땅한 운명에 처할 것입니다. 육체가 다시 살아나 영혼과 만나는 날이지만 좋아할 것은 하나도 없습니다. 그날은 다시 심판을 받는 두려운 날이기 때문입니다. 그날 인간의 영혼은 육체에게 다음과 같이 말할 것입니다.

"더러운 죄악의 몸뚱이여, 안식의 처소가 아니라 고통스러운 감옥과도 같은 네 속으로 어쩔 수 없이 다시 들어가게 되었구나. 마치 입다가 그의 눈앞에 선 딸을 보듯 네 모습을 보는 것이 너무나 고통스럽다. 하나님이 너를 영원히 무덤 속에서 썩게 하시어 다시는 너를 보지 않았다면 얼마나 좋았을까?

이제 다시 한 몸이 되어 하나님과 천사와 사람들 앞에서 너와 내가 함께 저지른 모든 비밀스러운 죄를 고백하게 되었는데 어찌하면 좋으냐? 너 같은 썩은 고깃덩어리를 사랑한 죄로 천국을 잃어버리고 말았다. 네 즐거움을 위해 내가 얼마나 많은 음행을 범했는지 모르겠구나. 오, 더러운 배여! 너를 신으로 삼다니 그 얼마나 어리석은 일인가! 순간의 쾌락을 위해 이처럼 영원한 고통을 짊어지게 되었다니 참으로 내가 정신이 나갔구나.

너희 산들과 바위야, 내 머리 위로 무너져내려 나로 하여금 보좌에 앉으신 분을 보지 못하게 가려주지 않겠느냐(계 6:16-17)? 하나님의 진노의 날에 누가 그것을 견뎌낼 수 있겠느냐? 땅이여, 왜 주님 앞에서 떨지 않느냐? 어서 입을 열어 고라를 삼키듯 나를 삼켜 나를 가려주려무나. 지옥의 사자들아, 어서 지체 말고 나를 찢어버려 흔적도 없이 사라지게 해주려무나."

하지만 그때 가서 자신의 비참함을 한탄한들 무슨 소용이 있겠습니까? 천사들이 무덤에서 죄인을 끌어내어 그리스도의 심판대 앞으로 사정없이 내던질 것입니다(마 13:41-42). 결국 죄인은 저주받은 염소처럼 그리스도의 왼편 땅 아래에 서서 판결을 받을 것입니다(마 25:33). 죄인은 자신의 양심에 의해 고소를 당할 것입니다. 아울러 음란한 삶을 살도록 유혹했던 마귀도 죄인을 고소할 것입니다.

다른 한편에서는 천사와 성도들이 서서 그리스도의 정의로운 판결에 갈채를 보내며 기뻐할 것이고, 또 다른 죄인들은 끝없이 늘어선 채 웅성거리며 각자 판결을 기다릴 것입니다.

죄인의 입장에서 그 광경을 상상해 봅시다. 눈앞에는 밝게 빛나는 세계가 펼쳐져 있습니다. 위에는 높은 보좌에 앉으신 재판관이 죄에 합당한 판결을 내리고 계십니다. 아래에는 끝없는 유황과 불못이 입을 벌린 채 삼킬 준비를 하고 있습니다.

죄인은 자신의 저주받은 상태를 알고서도 어디로 숨지 못합니다. 그는 다만 산들과 바위가 떨어져내려 자신을 가려주기만을 바랄 뿐입니다(계 6:16-17). 심판대 앞에 선다는 것 자체만으로도 견딜 수 없이 고통스러울 것입니다.

모든 죄인은 한결같이 다음과 같은 판결을 듣게 됩니다.

> "저주를 받은 자들아 나를 떠나 마귀와 그 사자들을 위하여 예비된 영원한 불에 들어가라"(마 25:41).

"나를 떠나"라는 말은 모든 기쁨과 행복으로부터 분리될 것을, "저주를 받은"이라는 말은 어둡고 끔찍한 지옥으로 내쫓김을 당할 것을 의미합니다. 아울러 "불"은 극심한 고통을 상징하고, "영원한"이라는 말은 그 징벌이 영원히 계속될 것을 뜻하며, "마귀와 그 사자들을 위하여 예비된"이라는 말은 죄인들과 마귀와 그 종들이 함께 영원히 지옥의 고통을 당하게 될 것을 의미합니다.

얼마나 두려운 심판입니까! 정죄받은 이들은 심판에서 벗어날 수 없습니다. 일단 심판이 선고되면 돌이킬 수 없습니다. 아무도 판결에 이의를 달 수 없고, 달리 호소할 길도 없습니다. 따라서 정죄받은 이들에게 남은 것이라고는 지옥의 고통뿐입니다. 그들은 그곳에서 끝없는 고통에 시달릴 것입니다. 천사들이 마귀와 죄인들을 함께 심판의 보좌 앞에서 끌어내어 끝이 보이지 않는 어두운 구덩이 속으로 던져넣을 것입니다.

그곳은 불과 유황으로 영원히 타는 못입니다(계 21:8). 죄인은 그곳에 던져져 슬피 울며 스스로를 저주할 것입니다. 고라, 다단, 아비람이 땅에 삼켜지면서 내지른 소리는 이들의 울부짖음에 비하면 아무것도 아닙니다. 그 소리를 듣는 것만으로도 지옥의 현실을 느낄 수 있습니다.

한번 그곳에 던져지면 끝없는 나락으로 떨어지고, 그 안에서 슬피 울더라도 불쌍히 여겨줄 사람이 아무도 없습니다. 그곳에서 죄인은 항상 불로 인한 고통에 시달리고, 추위로 인해 이를 갈 것입니다. 그 비참함에서 벗어날 방법은 전혀 없으며, 회개를 한다 해도 소용이 없습니다. '어떻게 순간의 쾌락을 얻기 위해 이처럼 영원한 고통을 받는 어리석음을 저질렀을까?' 하고 두고두고 한탄해도 지옥의 형벌에서 벗어날 길이 없습니다. 결국 바다의 물보다 더 많은 눈물을 흘리게 될 뿐입니다(이렇게 말할 수 있는 이유는 바닷물은 한계가 있지만 죄인은 무한정, 곧 영원히 눈물을 흘릴 것이기 때문입니다).

그곳에서 살아생전 음탕했던 눈은 처참한 지옥의 고통을 볼 것이고, 호기심 많던 귀는 마귀가 내지르는 무시무시한 소리와 여기저기 슬피 울며 이를 가는 소리에 놀랄 것입니다. 또한 그

잘났던 코는 유황 냄새에 절어버릴 것이고, 맛있는 것을 먹던 혀는 극심한 굶주림으로 고통당할 것이며, 술로 가득했던 목구멍은 견딜 수 없는 갈증으로 바짝 마를 것입니다. 아울러 마음은 헛되고 일시적인 쾌락과 하늘의 영원한 기쁨을 맞바꿈으로 영원한 지옥의 고통을 당하게 된 자신의 신세를 한탄하며 괴로워할 것이고, 양심의 가책으로 인해 바늘에 찔리는 듯한 고통을 받을 것입니다.

"그리스도를 믿어 죄의 용서를 받으면 천국에 들어갈 수 있습니다"라는 설교자들의 말을 거부하고 회개하지 않은 것이 철천지한으로 남을 것입니다. '살아생전에 믿을 기회가 그렇게 많았는데 믿지 않았고, 회개할 기회가 그렇게 많았는데 회개하지 않았으며, 마귀와 세상을 좇아 살다가 결국 하나님의 긍휼을 얻을 기회가 사라져 영원한 지옥의 고통을 당하게 되었구나' 하는 생각에 가슴을 아무리 친들 소용없습니다. '일시적인 부를 위해 영원한 보화를 저버렸고, 천국에서의 행복과 즐거움을 지옥의 끝없는 고통과 맞바꾸었구나' 하는 생각에 마음이 갈기갈기 찢어질 것입니다.

지옥에 처한 죄인은 하나님의 복되신 모습을 보지 못합니다. 하나님 안에는 영혼을 위한 행복과 즐거움, 생명이 가득한데 그는 빛도 보지 못한 채 영원한 어둠 속에 살아갑니다. 지옥에는 법이 없고, 공포만 가득하고, 저주 소리와 울부짖는 소리 외에는 아무런 음성도 들리지 않습니다. 고문하는 소리와 고문을 당하는 소리 외에는 아무런 소리도 없습니다. 마귀와 그 사자들은 스스로 고통을 당하면서 그 마음의 분노를 죄인들을 고문하는 일에 퍼붓습니다.

지옥에는 징벌, 비참함, 슬픔, 고통만 있을 뿐 동정, 긍휼, 위로, 구원 같은 것은 없습니다. 지옥에서는 구더기도 죽지 않고, 불이 항상 꺼지지 않습니다. 하나님의 진노가 죄인들의 영혼과 육체에 쏟아부어지고, 유황과 불이 끊임없이 고통을 가져다줍니다. 불꽃은 영원히 타오르고 결코 꺼지지 않으며, 죄인은 죽어갈 뿐 결코 완전히 죽지는 않습니다. 죽음의 고통 속에서 부르짖지만 그 고통을 결코 없앨 수 없고, 언제 그것이 끝날지도 알지 못합니다.

땅 위의 잔디나 바닷가의 모래알처럼 많은 날들 동안, 즉 수천 수만 년 동안 고통을 당한다 할지라도 조금도 끝날 기색이 없습니다. 처음 지옥에 던져진 날과 똑같은 고통이 영원히 지속될 뿐입니다. '수천 년 동안 고통을 당했으니 이제는 끝이 나겠지' 하고 생각하지만 곧이어 결코 그렇게 되지 않으리라는 사실을 깨닫게 됩니다. 이 사실을 아는 것 자체는 또 다른 고통이 됩니다.

저주받은 죄인들은 고통 속에서 결국 "오, 하나님, 저희를 영원히 벌하지 마옵소서!"라고 외칩니다. 하지만 그들의 양심은 다음과 같은 대답만을 들려줄 뿐입니다. "아니다. 계속될 것이다." 이것이 바로 둘째 사망입니다. 정죄받은 모든 죄인은 이러한 사망의 고통을 당할 것입니다. 반면 하나님과 성도들은 영원한 천국에서 더없는 행복을 누릴 것입니다.

The Practice of Piety

chapter
3

경건 Class #3
거듭난 신자

그리스도의 은혜로 거듭난 신자에게는 셀 수 없이 많은 특권이 주어집니다. 그는 세상에서나, 죽는 순간에나, 사후에 이르기까지 하나님의 축복을 받아 누립니다. 이처럼 소중한 구원을 알게 되면 세상의 허무하고 악한 유혹들을 물리치고 경건의 연습에 전념할 수 있습니다.

신자란 그리스도의 은혜로 부패한 본성이 바뀌어 새로운 피조물이 된 사람을 가리킵니다. 그는 세상에서나, 죽는 순간이나, 사후에도 축복받는 삶을 삽니다.

세상에서의 축복

첫째, 신자는 성령으로 난 존재입니다(요 3:5). 다시 말해 "혈통으로나 육정으로나 사람의 뜻으로 나지 아니하고 오직 하나님께로부터 난 자"(요 1:13)입니다. 하나님이 그의 아버지가 되십니다(갈 4:6-7; 고후 9:8). 따라서 아버지이신 하나님의 형상이 신자 안에서 날마다 더욱 새로워집니다(엡 4:2-3, 13; 골 3:10).

둘째, 신자는 그리스도의 공로로 말미암아 원죄와 자범죄 및 그에 따르는 모든 죄책과 징벌로부터(롬 4:8, 25, 8:1-2; 벧전 2:24) 아무런 대가 없이 온전한 용서를 받습니다. 따라서 그는 그리스도의 의가 온전히 전가되고(롬 4:5, 19), 하나님과 화목해지고(고후 5:19), 의롭다 하심을 받습니다(롬 8:33-34).

셋째, 신자는 사탄의 속박에서 자유롭습니다(행 16:18; 엡 2:2). 그는 그리스도와 형제가 되어(요 20:17; 롬 8:20) 함께 하늘나라의 상속자가 됩니다(롬 8:17). 신자는 왕이요 제사장으로서(계 1:6) 예수 그리스도를 통해 하나님께 영적 제사를 드립니다(벧전 2:5).

넷째, 하나님은 신자를 마치 아들처럼 아끼십니다. 그분이 신자를 아끼시는 방법은 다음과 같습니다.

- 모든 잘못을 다 보지 않으시고 신자의 연약함을 감안하십니다(출 34:6-7). 이는 마치 아버지가 그 자식이 아프다고 해서 문밖으로 내쫓지 않는 것과 같습니다.
- 죄를 짓더라도 징벌하지 않으시고, 다만 꾸짖어 바르게 하십니다(시 103:10).
- 징계하지 않으면 도저히 바로잡을 수 없다고 판단되실 때만 징계하십니다(삼하 7:14-15; 고전 11:32).
- 신자의 헌신이 불완전할지라도 그의 노력을 가상히 여겨 받아들이십니다. 따라서 일 자체의 가치나 결과보다는 그 마음을 귀하게 보십니다(고후 8:12).
- 받아 마땅한 저주일지라도 그 저주를 당하지 않게 하시고 아버지의 사랑으로 부드럽게 징계하십니다. 불행, 죽음, 죄를 포함해 이 세상의 모든 일을 섭리하시어 궁극적으로 신자의 유익이 되게 하십니다(롬 8:28; 시 89:31, 33, 119:71; 히 12:10; 고후 12:7; 고전 15:54-55; 히 2:14-15; 눅 22:31-32; 시 51:13-14; 롬 5:20-21).

다섯째, 하나님은 신자에게 성령을 주십니다. 성령이 하시는 일을 살펴보면 다음과 같습니다.

- 성령은 신자를 점진적으로 거룩하게 하십니다(살전 5:23). 따라서 신자는 점점 더 죄에 대해 죽고, 의에 대해 사는 삶을 살아가게 됩니다(롬 8:5, 10).
- 성령은 신자에게 그가 양자 된 것을 증거하십니다. 이로 인해 신자는 은혜로 하나님의 자녀가 됩니다(롬 8:16).
- 성령은 신자가 하나님의 보좌 앞에 담대히 나아가게 하십니다(히 4:16; 엡 3:12).
- 성령은 신자가 두려움 없이 하나님을 "아바 아버지"라고 부르게 하십니다(갈 4:6; 롬 8:15-16).
- 성령은 신자가 거룩한 기도를 드리게 하십니다.
- 성령은 신자로 하여금 그의 기도가 중보자이신 그리스도를 통해 하나님께 상달되었다는 확신을 갖게 하십니다.
- 성령은 신자에게 마음의 평화와 기쁨을 주십니다(롬 5:1, 14:17). 땅 위의 다른 기쁨은 신자가 누리는 기쁨과 비교할 때 아무것도 아닙니다.

여섯째, 신자는 아담의 타락으로 상실했던 권리, 곧 다른 피조물을 다스리는 권리를 회복합니다(시 8:6; 히 2:7-8). 신자는 하나님이 금하지 않으시는 것은 무엇이든 할 수 있는 완전한 자유를 누리고(롬 14:14; 딤전 4:2; 고전 9:19-20), 선한 양심으로 행하게 됩니다. 또한 하늘과 땅에 있는 모든 것의 소유자가 되며(고전 3:22), 장차 하나님 나라를 상속하게 됩니다(마 25:34; 벧전 1:4). 하지만 죄인들은 자신들이 가진 모든 것을 박탈당한 채 그들이 가야 할 곳, 곧 지옥에 처해집니다(행 1:25).

일곱째, 신자는 날마다 아버지 하나님의 보호와 사랑을 확신하며 살아갑니다. 이에 대해서는 세 가지로 나누어 생각해 볼 수 있습니다.

- 하나님은 금세와 내세에서 신자의 영혼과 육체를 위해 필요한 모든 것을 공급해 주십니다(마 6:32; 고후 12:14; 시 23편, 34:9-10). 따라서 신자는 자신이 충분히 받았다고 여기든지, 아니면 가진 것에 만족하며 살아가야 합니다.
- 하나님은 그분의 사자, 곧 거룩한 천사들을 보내시어 신자를 돌보십니다(히 1:14; 시 34:7, 91:11). 천사들은 신자가 어디에 있든지 위험을 당하지 않도록 그 날개를 펴 보호합니다. 하나님은 신자를 밤에는 불기둥으로, 낮에는 구름기둥으로 보호하십니다(사 4:5). 또한 그분의 섭리를 통해 마귀의 권세로부터 울타리를 쳐 신자를 보호하십니다(욥 1:10).
- 하나님의 눈은 항상 신자 위에 있어 그를 지켜보시고, 그분의 귀는 항상 열려 있어 그의 호소를 들으십니다(시 34:15; 창 7:1). 그분은 적시에 신자를 어려움에서 구해내십니다(시 34:19).

죽는 순간의 축복

하나님은 거듭난 신자가 죽는 순간, 하늘나라에 이르는 길 중간에서 사랑과 애정으로 그를 맞이하십니다(빌 3:20; 골 3:2). 죽음은 신자에게 낯선 것도 아니고, 두려운 것도 아닙니다. 이미 신자는 날마다 (죄에 대해) 죽는 경험을 했을 뿐 아니라 자신의 생명이 그리스도와 함께 하나님 안에 감추어졌음을 알기 때문입니다(골 3:3). 그러므로 죽음은 신자에게 아무런 영향을 끼칠 수 없습니다. 신자에게 죽음이란 이 세상의 모든 수고에서 벗어나 아버지의 집, 곧 영원한 하나님의 도성인 하늘의 예루살렘으로 돌아가 안식을 누리는 것을 의미합니다.

신자는 영원한 하늘나라에서 천사들을 비롯해 거듭난 장자들, 재판관이신 하나님, 완전케 된 영혼들, 새 언약의 중보자이신 예수 그리스도와 함께 거하게 됩니다(계 14:13; 고후 5:6; 요 14:2; 히 12:22).

그의 육체는 아플지라도 그의 영혼은 건재합니다. 그가 연약해져 병상에 누워 있을 때도 하나님은 믿음과 인내로 그를 강하게 하십니다(시 41:3). 신자는 죽는 순간 (야곱과 모세와 여호수아처럼) 자녀와 친구들에게 믿음의 권고와 격려를 통해 사는 날 동안 참되신 하나님을 섬길 것을 당부합니다(창 49장).

신자는 축복받은 영혼을 지녔기 때문에 자연히 경건한 유언과 축복을 할 수밖에 없습니다. 그의 육체는 쇠약해지지만 그의 영혼은 더욱더 새로워지고 강해집니다. 그의 혀는 힘이 없어지지만 그의 마음의 기도는 더욱 크게 하나님을 향해 소리 높입니다. 성령이 그의 영혼에 충만한 영적 빛을 밝혀주십니다.

신자의 영혼은 조금도 두려움 없이 담대하게 육체에서 빠져나와 주님과 함께 거합니다(고후 5:8). 그는 "차라리 세상을 떠나서 그리스도와 함께 있는 것이 훨씬 더 좋은 일이라 그렇게 하고 싶으나"(빌 1:23)라고 말한 바울처럼, 혹은 "내 영혼이 하나님 곧 살아 계시는 하나님을 갈망하나니 내가 어느 때에 나아가서 하나님의 얼굴을 뵈올까"(시 42:2)라고 고백한 다윗처럼 말합니다. 그는 또한 거룩한 하나님의 백성들처럼 이렇게 말합니다.

> "거룩하고 참되신 대주재여⋯⋯
> 어느 때까지 하시려 하나이까"(계 6:10).
> "주 예수여 오시옵소서"(계 22:20).

육체와 결별해야 할 때가 오면(욥 14:5) 신자는 양심의 가책이 없이 평화로운 상태로 자신이 아버지 하나님께로 가게 된다는 것을 압니다. 또한 그는 자신의 모든 죄가 어린양의 피로 용서받았다는 사실을 알고 늙은 시므온처럼 "주재여 이제는 말씀하신 대로 종을 평안히 놓아 주시는도다"(눅 2:29)라고 고백하며 조용히 자신의 영혼을 하늘에 계신 아버지 앞에 드립니다. "내가 나의 영을 주의 손에 부탁하나이다 진리의 하나님 여호와여 나를 속량하셨나이다"(시 31:5)라고 말한 다윗처럼, 또 "주 예수여 내 영혼을 받으시옵소서"(행 7:59)라고 말한 스데반처럼 자신의 영혼을 내어놓습니다.

그 순간 신자를 날 때부터 죽을 때까지 돌봐준 하늘의 거룩한 천사들이 나사로의 영혼을 아브라함의 품으로 인도한 것처럼(눅 16:22) 그의 영혼을 데리고 하늘나라로 향합니다(마 18:10; 행 27:23). 신자의 영혼이 가는 곳은 하늘나라입니다. 그곳은 거룩한 천사들과 거듭난 신자들만이 거하는 곳입니다(마 8:11; 눅 13:28; 히 12:22-23). 신자는 천사들의 섬김을 받으며(시 91:11; 히 1:14) 자신이 행한 일에 대한 상급을 받습니다(계 14:13, 22:12).

신자의 몸은 그리스도의 지체이자(고전 6:15) 성령의 거룩한 전(고전 6:19)일 뿐 아니라 성찬을 통해 그리스도의 몸에 참여했으며(마 26:26), 그분의 피를 대가로 지불하고 사신 바 되었기 때문에(고전 6:20; 벧전 1:19) 동료 신자들과 같이 예수님 안에 잠들어 있다가(살전 4:14; 행 7:6, 8:2) 마지막 부활의 날에 다시 살아나 영원한 영광과 생명을 얻을 때를 기다립니다(단 12:2; 요 5:28-29; 눅 14:14; 살전 4:16-17; 계 14:13). 이 점에서 볼 때 신자는 영혼뿐 아니라 육체도 축복을 받습니다.

사후의 축복

신자의 사후 세계는 세 단계로 나누어 생각해 볼 수 있습니다. 첫째는 죽는 순간부터 부활의 날까지를, 둘째는 부활의 날부터 공로에 대한 심판 날까지를, 셋째는 공로에 대한 심판 날부터 영원까지를 각각 가리킵니다.

죽는 순간 – 부활의 날

거듭난 신자가 자신의 영혼을 그리스도께 드리는 순간, 천사들이 그의 영혼을 보호하여 하늘나라로 데려갑니다(눅 16:22). 신자의 영혼은 그리스도 앞에 이르러 그곳에서 영광과 의의 면류관을 씁니다. 물론 이는 신자 자신의 공로에 의한 것이 아니라 세상에서 믿음으로 하나님을 섬기며 그분의 영광을 구한 신자들에게 하나님이 거저 주겠다고 약속하신 말씀에 의한 것입니다(히

1:14, 12:24; 딤후 4:8; 계 2:10; 벧전 5:4).

세상에서 온갖 불행과 죄인들만 봐왔던 신자의 영혼이 영광스러운 하나님의 얼굴을 뵙는다니, 이 얼마나 복된 일입니까! 신자의 영혼이 거룩한 천사들의 인도를 받아 그리스도 앞에 서는 순간, 그리스도께서는 그에게 "잘하였도다. 착하고 충성된 종아. 와서 네 주인의 기쁨에 참여하라"고 말씀하시며 반겨주십니다. 천군천사를 비롯해 하늘에 있는 모든 통치와 권세와 능력과 주권(엡 1:21)을 볼 때 얼마나 기쁠까요! 하늘나라에 먼저 가서 하나님 앞에서 축복과 영광을 누리고 있는 거룩한 족장들, 제사장들, 예언자들, 사도들, 순교자들, 신자들, 친구와 부모, 남편이나 아내, 자녀들을 보는 일은 진정 기쁜 일일 것입니다.

> "복되도다 당신의 사람들이여
> 복되도다 당신의 이 신하들이여
> 항상 당신 앞에 서서 당신의 지혜를 들음이로다"(왕상 10:8).

스바 여왕은 솔로몬의 영광스런 왕국을 보고 이 정도로 칭찬했는데, 천군천사와 하늘나라의 시민들에 둘러싸여 그리스도의 복되신 얼굴과 그분의 지혜로 말미암은 하늘나라의 영광을 볼 때 그 감격이 얼마나 크겠습니까! 수없이 많은 하늘나라의 시민들이 다가와 같은 시민이 된 것을 환영하는 모습을 볼 때(눅 15장) 그 기쁨은 말로 다할 수 없을 것입니다. 그들은 신자가 땅 위에서 회개할 때도 하늘에서 기뻐했습니다. 하물며 이제 그가 하늘나라에 이르러 면류관을 쓰는 것을 보는데 더욱더 기쁘지 않겠습니까? 그 면류관은 믿음으로 살다 온 신자를 위해 예비된 것입니다(딤전 4:8).

순교자의 면류관은 그리스도의 복음을 위해 죽음을 불사한 순교자들의 머리에 씌워지고, 경건한 자의 면류관은 그리스도를 진지하게 믿은 경건한 신자의 머리에 씌워지며, 선행의 면류관은 자신의 재산을 희생하여 가난한 자를 도운 이의 머리에 씌워지고, 썩지 않을 영광의 면류관은 설교와 좋은 본을 보여 사람들로 하여금 죄를 버리고 거룩한 삶을 살게 함으로 하나님께 영광을 돌리게 한 목회자의 머리에 씌워집니다.

하늘나라에서 머리에 영광의 면류관이 씌워지고, 몸에 찬란한 의의 옷이 입혀지고, 손에 승리의 종려나무가 들려지는 순간(계 7:9), 신자가 느끼는 기쁨을 어찌 말로 다 형용할 수 있겠습니까!

세상의 모든 불행과 마귀의 올무에서 벗어나 영원한 안식과 행복을 누리게 되는 것은 얼마나 기쁜 일인지 모릅니다. 하늘나라의 모든 시민은 서로가 다 하나님의 사랑을 누리고 있기 때문에 다른 사람의 행복을 마치 자신의 행복처럼 알고 기뻐합니다. 그들은 서로의 기쁨에 즐겁게 참여합니다. 신자의 영혼은 이렇게 기쁘고 행복한 상태로 부활의 날까지 그리스도 안에서 안식을 누립니다. 구원받은 신자의 수가 다 채워지는 날, 영광의 부활이 있을 것입니다.

부활의 날-공로에 대한 심판 날

심판 날이 오면 다음과 같은 일이 일어납니다.

첫째, 하늘과 땅과 그 안에 있는 모든 것이 다 해체되고 뜨거운 불로 정화됩니다(벧후 3:10, 12-13).

둘째, 마지막 나팔소리와 그리스도의 목소리에 (이미 흙이 되어버린) 성도들의 육체가 부활합니다(고전 15:52; 살전 4:16; 요 5:28; 겔 37:7-8). 그와 동시에 머리 되시는 그리스도의 부활의 능력으로 모든 인간의 영혼이 자기 육체와 재결합하여 (롬 8:11; 빌 3:10-11; 살전 4:14) 마치 자다가 침상에서 일어나듯 무덤에서 걸어나옵니다(롬 5:17; 고전 15:22). 부활의 날이 되면 "너희 머리털 하나도 상하지 아니하리라"(눅 21:18)고 하신 주님의 말씀이 사실임을 알게 될 것입니다. 왜냐하면 박해자들에 의해 갈기갈기 찢기고, 불에 타 재가 된 신자들의 육체가 멀쩡하게 회복된 것을 보게 될 것이기 때문입니다.

셋째, 감옥에서 요셉이 나오고, 사자 굴에서 다니엘이 나오고, 큰 물고기의 배 속에서 요나가 나오듯(살전 4:14; 단 6:23) 신자들이 무덤에서 멀쩡하게 나옵니다.

넷째, 선택받은 모든 신자의 육체가 다시 살아납니다. 그들은 33세 정도의 활기 있고 왕성하며 온전한 육체의 모습으로 개개인의 자연적인 기질과 성별을 지닌 채 부활할 것입니다. 다음과 같은 사도 바울의 말은 부활의 몸이 지니는 특징을 암시해 줍니다.

> "우리가 다…… 온전한 사람을 이루어
> 그리스도의 장성한 분량이 충만한 데까지 이르리니"(엡 4:13).

혹시 살아생전에 맹인이나 다리 저는 자나 등이 굽은 자였다 할지라도 부활의 몸은 그런 불완전함을 지니지 않습니다. 야곱은 다리를 절지 않을 것이고, 이삭이나 레아의 눈은 멀쩡할 것이며, 므비보셋도 온전히 걸을 것입니다. 다윗의 가문에 맹인이나 다리 저는 자가 없을 것이라고 약속되었는데, 하물며 하늘에 거하는 하나님의 자녀들이겠습니까?

그리스도께서는 땅 위에 계시는 동안에도 앞 못 보는 이를 보게 하시고, 말 못하는 이를 말하게 하시고, 듣지 못하는 이를 듣게 하시고, 다리 저는 자를 온전히 걷게 하셨는데, 하물며 하늘나라의 영광을 누리게 된 신자들을 더욱더 완전하게 하시지 않겠습니까?

하늘나라의 백성 가운데는 연약한 이들이 없습니다. 그곳에서는 다리를 절었던 이가 사슴처럼 뛰고, 말 못하는 이의 혀가 노래를 부르게 됩니다(사 35:6).

아울러 하나님이 인류의 첫 조상을 지으실 때 어린아이나 노인이 아니라 신체 건장한 청년으로 만드셨다는 사실도 부활한 몸의 상태를 추측하게 해주는 단서가 됩니다. 한마디로 부활의 몸은 인간이 가졌던 첫 번째 몸의 상태보다 훨씬 더 영광스럽고 완전할 것입니다.

다섯째, 부활한 몸은 네 가지 초자연적 특성을 갖습니다. 그 내용은 다음과 같습니다.

- 부활의 몸은 하나님의 권능으로 주어진 몸이기 때문에 연약함이나 육체의 기본적 욕구에 구애받지 않습니다. 다시 말해 먹거나 마시거나 잠을 자지 않아도 계속 살아 있을 수 있습니다(고전 15:43-44).
- 부활의 몸은 쇠퇴하지 않습니다. 따라서 질병에 걸리거나 죽음을 당하거나 약해지지 않습니다(고전 15:42, 53; 사 65:20).
- 부활의 몸은 영광 중에 있기 때문에 태양과 같이 밝게 빛납니다(마

13:43; 눅 9:31). 또한 부활의 몸은 투명하기 때문에 그 안에 담긴 영혼이 더욱 영광스러운 빛을 발합니다. 이미 모세의 얼굴(출 34:29), 변모하신 그리스도의 모습(마 17:2), 스데반의 얼굴(행 6:15) 등을 통해 계시된 바와 같이 부활의 몸은 영광스러운 빛을 지닙니다.

사무엘상 18장 4절에 보면 다윗이 목동의 옷을 벗고 사울 왕의 아들 요나단의 옷을 입는 장면이 나옵니다. 이처럼 부활의 날에 모든 신자는 하나님의 아들 예수 그리스도의 옷을 입을 것입니다. 그날에는 아하수에로 왕이 모르드개에게 왕복을 입히고 그를 존귀케 했듯(에 6:6 이하) 부패한 육신을 입고 슬퍼했던 모든 신자가 머리에 면류관을 쓰고 만왕의 왕이신 예수 그리스도에 의해 존귀함을 받을 것입니다. 지금도 태양이 뜨면 만물에 빛이 비쳐 영광스럽기 그지없는데, 하물며 수많은 성도와 천사들의 영광스러운 몸, 특히 모든 영광에 뛰어나신 그리스도의 몸이 나타나는 부활의 날은 그 얼마나 영광스럽겠습니까?

- 부활의 몸은 원하는 곳으로 순식간에 이동할 수 있습니다. 부활의 몸은 마치 독수리가 먹이를 채려고 달려드는 것처럼 빠른 속도로, 신속히 공중으로 올라가 재림하시는 주님을 맞이합니다(마 24:28). "오직 여호와를 앙망하는 자는 새 힘을 얻으리니 독수리가 날개치며 올라감 같을 것이요 달음박질하여도 곤비하지 아니하겠고 걸어가도 피곤하지 아니하리로다"(사 40:31)라는 선지자의 말이 암시하는 대로, 부활의 몸은 원기가 왕성하고 민첩하게 움직일 수 있습니다.

이들 특성 때문에 바울은 부활한 몸을 가리켜 신령하다고 일컬었습니다(고전 15:46). 즉 부활의 몸은 여전히 육체이기는 하지만 영적 속성을 가졌음을 알 수 있습니다.

죄로 인한 부패로 죽었기 때문에 인간이 천사보다 조금 못하게 되었을 뿐 하나님이 영광과 존귀로 관을 씌우실 그날이 오면 인간은 어떤 점에서 보든 천사보다 나을 것입니다. 천사가 신령한 존재라면 인간도 마찬가지입니다. 왜냐하면 영혼을 지니고 있기 때문입니다. 하지만 인간은 신령한 몸, 즉 주 예수 그리스도의 영광의 몸의 형체와 같이 변할 것이라는(빌 3:21) 점에서 천사보다 낫습니다. 삼위 하나님 가운데 한 분이신 그리스도와 인격적인 연합을 가짐으로써 인간이 얻게 되는 영광은 천사에게는 주어지지 않습니다(히 2:16). 이 점에서 인간은 천사가 누리지 못하는 특권을 갖고 있습니다.

사실 천사는 선택받은 하나님의 백성들을 섬기라는 임무를 부여받은 영일 뿐입니다(히 1:14; 시 91:11). 많은 천사들이 이 직분을 수행하기를 거부하고 자신의 위치를 지키지 않음으로써 그 교만함으로 인해 지옥에 던져졌습니다(유 6절; 벧후 2:4). 이 말을 하는 이유는 천사가 하찮은 존재라는 점을 강조하기 위해서가 아니라 인간에 대한 하나님의 사랑이 얼마나 큰지를 말하기 위함입니다.

그리스도의 재림은 갑자기, 순식간에 찾아옵니다. 그날이 되면 신자들은 모두 생명을 얻을 것입니다. 뜨거운 불이 세상과 그에 속한 모든 부패한 것을 소멸할 것입니다. 어떤 이들은 맷돌을 갈다가, 어떤 이들은 잠자리에 있다가, 어떤 이들은 들판을 걷다가 주님의 재림을 맞이할 것입니다(벧후 3:10-12; 고전 15:51; 눅 17:31). 죽을 것, 부패한 것들이 다 소멸될 것입니다.

그리고 그날 신자는 죽지 않을 몸을 입을 것입니다. 신자의 영혼은 기쁨으로 자신의 육체와 결합할 것입니다. 그때 영혼은 자신의 육체를 향해 이렇게 외칠 것입니다.

"어서 오라. 내 누이여, 다시 만났구나. 네 목소리가 어찌 그리 사랑스러우냐! 네 모습이 어찌 그리 아름다우냐! 그렇게 오랫동안 바위틈과 아무도 모르는 무덤 속에 갇혀 누워 있다가 이제 나타났구나(아 2:14). 너는 내가 거하기에 적합한 곳이요, 나뿐 아니라 거룩하신 성령이 그분의 성전으로 삼아 영원히 거하실 처소로다. 이제 겨울의 고통은 지나갔도다. 불행의 폭풍우가 영원히 사라졌도다. 선택받은 우리 형제들의 몸은 땅 위의 백합화보다 더욱 영광스럽구나. '할렐루야'를 높이며 노래할 때가 마침내 왔구나. 땅에서 나팔소리가 들린다.

너는 나와 함께 멍에를 메고 주님을 섬겼고, 그리스도와 복음을 위해 함께 고난과 핍박을 당했다. 이제 함께 주인의 기쁨에 참여하자. 나와 함께 십자가를 짊어졌으니 나와 함께 면류관을 쓰자. 나와 함께 눈물로 씨를 뿌렸으니 이제 기쁨으로 단을 거두자. 비신자들이 교만함과 정욕이 가득하여 먹고, 마시고, 헛된 영광을 꿈꾸며 일생을 보내는 동안 하나님이 우리로 하여금 금식하고, 기도하고, 성경을 읽고, 주일을 성수하고, 설교를 듣고, 성찬을 받고, 가난한 자를 돕고, 겸손히 경건에 이르는 연습을 하고, 이웃에 대한 의무를 다하게 하셨으니 얼마나 복된 일이냐? 이제 네가 지은 죄가 모두 용서받고 가려졌으니 다시 언급되지 아니하리라(시 32:1). 네가 주님을 위해 행한 모든 선행이 보상을 받으리라.

기뻐하라. 머리를 들어 이 영광스러운 천사들을 보라. 가브리엘처럼 우리에게 날아와 '우리의 구원이 이르렀고(눅 21:28) 공중에 계신 우리 구세주를 맞이하라'고 말하지 않느냐? 일어나라, 나의 비둘기여, 나의 사랑하는 자여(아 2:1, 3), 베데르 산에서 뛰는 노루와 어린 사슴처럼 나와 함께 달려 그리스도께 가자."

여섯째, 산 자와 죽은 자가 모두 다시 살아나 영화로운 몸을 입고 하나님의 천사들의 호위를 받으며 세계 도처로부터 몰려들어 공중에서 주님을 영접합니다(눅 17:34-36; 살전 4:17). 그리고 주님과 함께 비신자와 악한 천사들을 심판하는 자리에 섭니다(고전 6:1, 3). 다시 말해 열두 사도는 그리스도의 보좌 옆에 있는 열두 보좌에 앉아 복음을 거부한 열두 지파를 심판할 것이고, 성도들은 영광스러운 모습으로 질서 정연하게 그들 곁에 서서 함께 악한 천사들과 비신자들을 심판할 것입니다(고전 6:2-3). 이 세상에서 누구보다 더 많은 영광을 사모하고, 더 충실한 삶을 살았던 사람들은 그날 누구보다 더 많은 영광과 보상을 받을 것입니다(계 22:12; 고후 5:6).

신자들이 그리스도를 만날 장소, 곧 그리스도의 심판의 보좌가 베풀어질 곳은 예루살렘 성전 동쪽에 있는 감람산 옆 여호사밧 골짜기 위의 공중일 것으로 추정됩니다(살전 4:17). 그렇게 생각하는 데는 다섯 가지 이유가 있습니다.

첫째, 성경이 다음과 같이 기록하고 있습니다.

> "내가 만국을 모아 데리고 여호사밧 골짜기에 내려가서……
> 거기에서 그들을 심문하리니"(욜 3:2).

여호사밧 골짜기 옆에는 모리아산이 있습니다. 그곳은 아브라함이 이삭을 바쳤던 곳이고(창 22장), 야곱이 천사가 사다리를 타고 오르락내리락하는 모습을 보았던 곳입니다(창 28장). 아울러 아라우나의 타작마당(이스라엘을 심판하던 천사가 멈추어 섰던 곳으로, 하나님께 제단을 쌓고 제사를 드렸던 곳)이 있었던 곳이고(삼하 24장), 솔로몬이 성전을 지었던 장소이며(대하 3:1), 그리스도께서 복음을 전하시고 고난을 당하신 뒤 영광스럽게 승천하신 곳입니다.

> "그들을 심문하리니……
> 민족들은 일어나서 여호사밧 골짜기로 올라올지어다
> 내가 거기에 앉아서 사면의 민족들을 다 심판하리로다"(욜 3:2, 12).

"여호사밧"이란 "주님이 심판하신다"는 뜻입니다. 여호사밧 골짜기는 하나님이 여호사밧과 이스라엘 백성으로 하여금 암몬 족속과 모압 족속과 세일 족속에게 승리를 거두게 하셨던 장소입니다(대하 20장). 이 승리는 최고의 재판장이신 그리스도께서 택하신 백성과 함께 모든 원수를 물리치시고 거두실 마지막 승리를 예표합니다. 유대인들도 이 본문을 그와 같이 해석하고 있으며(슥 14:4-5), 그곳이 최후의 심판이 있을 장소라는 데 모두 동의합니다.

둘째, 여호사밧 골짜기는 그리스도께서 십자가에 못 박혀 수치를 당하신 곳입니다. 예수님이 영광과 권위를 입으시고 심판주로 나타나실 때 바로 그곳 공중에 그분의 심판의 보좌가 배설

될 것입니다. 그리스도께서는 부당한 재판을 받고 정죄당하신 바로 그곳에서 의로운 판결로 세상을 심판하실 것입니다.

셋째, 천사들이 보내심을 받아 하늘 이 끝에서 저 끝까지 사방에서 택한 백성들을 모을 것인데, 그 장소가 예루살렘 근처 여호사밧 골짜기일 가능성이 높습니다. 우주 형상지(形狀誌) 학자들에 따르면, 그곳이 지구의 중간 지점이라고 합니다. 사방에서 사람들을 모으려면 중간 지점에서 그 일을 하는 것이 가장 바람직할 것입니다.

넷째, 그리스도께서 여호사밧 골짜기 위에 있는 감람산에서 승천하실 때 천사가 제자들에게 나타나 "하늘로 가심을 본 그대로 오시리라"(행 1:11)고 말했습니다. 이는 아퀴나스를 비롯한 모든 중세 신학자들의 견해이기도 합니다. 다만 롬바르드와 알렉산더 헤일즈만 의견을 달리합니다.

다섯째, 그리스도께서 영광의 보좌에 앉으시고, 그 주위에 수많은 성도와 천사들이 둘러앉을 것입니다. 그들이 발하는 빛은 여러 개의 태양보다 더 밝게 빛날 것입니다(마 25:31; 유 14절; 계 22:11-12). 그리스도의 몸은 그 영광과 밝기에 있어서 가장 뛰어날 것입니다.

반면 비신자들은 따로 분리되어 땅 아래에 서 있을 것인데(오른

편은 축복받은 상태를, 왼편은 저주받은 상태를 의미합니다), 그리스도께서는 먼저 선택받은 이들에게 축복을 선언하실 것입니다(마 19:28).

한편 비신자들은 그런 판결을 들을 때 크게 후회할 것이며, 그리스도께서는 이를 통해 자신이 심판보다는 긍휼을 베풀기 원한다는 것을 밝히 드러내실 것입니다. 그분은 공중 보좌에 앉으신 채 선택받은 백성들을 향해 이렇게 선포하실 것입니다.

> "내 아버지께 복 받을 자들이여 나아와 창세로부터 너희를 위하여 예비된 나라를 상속받으라"(마 25:34).

"나아와"라는 말은 신자가 그리스도와 복된 교제를 누릴 것을 의미합니다. 신자는 또한 그리스도를 통해 삼위 하나님과 화목한 상태를 누릴 것입니다. "복 받을 자들이여"라는 말은 모든 죄를 용서받고 충만한 은혜와 축복을 누릴 것을 의미합니다. "상속받으라"는 말은 신자가 하나님의 양자가 될 것을 의미합니다.

"나라"라는 말은 신자가 하나님 나라에서 출생권과 소유권을 가질 것을 의미합니다. "예비된"이라는 말은 하나님이 선택받은 백성을 사랑하고 돌보실 것을 의미합니다. "창세로부터"라는 말은 하나님의 영원하고 변하지 않는 은혜로운 선택을 의미합니다.

우리가 아직 선과 악을 알지 못할 때, 즉 신자가 되기 이전에 하나님은 사랑과 은혜로 우리를 선택하셨습니다(롬 9:3). 하물며 이제 선택받아 그분의 백성이 된 우리를 더욱더 사랑하시지 않겠습니까?

"내가 주릴 때에 너희가 먹을 것을 주었고 목마를 때에 마시게 하였고 나그네 되었을 때에 영접하였고"(마 25:35)라는 말씀은 그리스도께서 그분의 백성들이 행한 모든 선행을 기억하시고 보상해 주신다는 의미를 담고 있습니다. 가난한 사람을 돕는 것은 마치 그리스도께 한 일처럼 여겨집니다. 예수님은 자신을 보지는 못했으나 믿고 사랑하는 자들을 영원한 축복과 안식으로 부르십니다(요 20:29; 벧전 1:8). 또한 그리스도께 사랑과 헌신을 바치며 온갖 시련을 견뎌낸 이들에게는 안식과 영광과 영생의 기쁨을 주십니다. 마지막 심판 때에 그리스도께서는 그들에게 다음과 같이 말씀하십니다.

"하나님은 야곱을 택하시고 에서를 미워하셨다. 나를 위해 욕됨과 핍박과 거짓된 비난을 받은 너희야말로(마 5:11) 선택받은 야곱이며, 너희를 핍박한 이들은 버림받은 에서라고 하겠노라.

이제 너희는 하나님 아버지의 축복을 받을 것이다. 나와서 축복을 받으라. 너희는 나의 진리를 위해 부모와 가장 가까운 사람들로부터 버림을 받았지만(시 27:10; 마 19:29) 이제 내 아버지께서 너희의 아버지가 되실 것이고, 너희는 영원히 그분의 아들딸이 될 것이다(요 20:17; 고후 6:18). 너희가 나의 복음을 위해 너희의 삶의 터전에서 쫓겨나고 버림을 받았지만 이제 너희가 잃은 것이 아니요, 그 잃은 것을 통해 나와 함께 영원한 하나님 나라를 상속하게 되었노라.

너희는 이제 자식처럼 사랑을 받고, 상속자의 권리를 누리고, 왕과 같은 권위를 지니고, 제사장과 같은 거룩한 존재가 될 것이다. 이제 내 아버지께서 너희를 위해 창세전에 예비하신 이 나라를 담대히 나와서 상속하라."

이러한 판결이 있은 직후, 모든 구원받은 신자들은 의의 왕이신 그리스도께서 씌워주시는 면류관을 받을 것입니다. 다시 말해 그분의 나타나심을 사모하던 신자들은 각각 자신들의 선한 행위와 믿음에 따른 보상을 받을 것입니다(딤후 4:8; 벧전 5:4). 그리고 모든 신자가 자신의 머리에 씌워진 면류관을 벗어 그리스도의 발아래에 내려놓고 그 앞에 꿇어 엎드려 한마음과 한목소리로 다음과 같이 찬양을 드릴 것입니다.

"보좌에 앉으신 어린양, 곧 죽음을 당하심으로써 각 족속과 방언과 백성과 나라 가운데에서 사람들을 피로 사서 하나님께 드리시고, 우리를 하나님 나라의 왕과 제사장으로 만드시어 함께 영원히 다스리게 하신 어린양에게 찬송과 존귀와 영광과 권능을 세세토록 돌릴지어다"(계 4:11, 5:9, 13 참조).

그 후 구원받은 신자들은 모두 순서대로 자리에 앉아 그리스도의 의로운 판결에 동의를 표함으로써 함께 비신자들과 악한 천사들을 심판할 것입니다(고전 6:1-3; 마 19:13-14). 그리스도께서는 비신자들에 대한 판결을 마치신 뒤 두 가지의 엄숙한 의식을 거행하실 것입니다. 그 의식은 다음과 같습니다.

첫째, 선택받은 모든 신자를 아버지께 바치십니다.

"보시옵소서, 의로우신 아버지시여. 이들은 아버지께서 제게 주신 이들입니다. 제가 이들을 보전했으며, 이들 중 하나도 잃어버리지 않았습니다. 저는 이들을 아버지의 말씀으로 가르쳤고, 이들은 믿었나이다. 세상이 이들을 미워했습니다. 그 이유는 제가 세상에 속하지 않은 것처럼 이들도 세상에 속하지 않았기 때문입니다.

아버지여, 이제 이들이 저와 함께 있게 하시고, 아버지께서 제게 주신 영광을 보게 하시고, 제가 이들 안에 있고 이들이 제 안에 있게 하시어 완전한 하나가 되게 하옵소서. 그로 인해 세상으로 하여금 아버지께서 저를 보내셨음을 알게 하시고, 아버지께서 저를 사랑하신 것처럼 이들을 사랑하신다는 것을 알게 하옵소서"(요 17:12, 14, 23-24).

둘째, 나라를 하나님 아버지께 바치신 후 중보자의 직임을 중단하십니다(고전 15:24). 그리스도께서는 세상에서 왕, 제사장, 교회의 머리라는 직임을 수행하시고, 원수들을 정복하시고, 말씀과 성령과 성례를 통해 신자들을 다스리십니다. 하지만 마지막 심판의 날이 이르면 그분은 더 이상 세상의 교회를 다스리는 일을 하지 않으십니다. 이제 아버지 하나님과 성령 하나님과 동등한 하나님으로서 영원한 하늘나라를 다스리실 것입니다. 물론 그렇다고 해서 그리스도의 인성이 사라지는 것은 아닙니다. 다만 그분의 신성이 완전하고 충만하게 드러날 뿐입니다. 그때 그리스도께서는 외적 수단을 통하지 않고 친히 만유 안에서 만유를 통치하실 것입니다.

이러한 의식을 행하신 뒤 그리스도께서는 심판의 보좌에서 일어나시어 영광 중에 거하는 선택받은 신자들과 천사들을 거느리시고 질서 있게 하늘나라로 올라가실 것입니다. 그때 하늘에서는 즐거운 함성과 음악이 울려 퍼질 것입니다. 우리는 다윗의 노래를 통해 이 광경을 상상할 수 있습니다.

"하나님께서 즐거운 함성 중에 올라가심이여
여호와께서 나팔 소리 중에 올라가시도다
찬송하라 하나님을 찬송하라 찬송하라 우리 왕을 찬송하라
하나님은 온 땅의 왕이심이라……
그는 높임을 받으시리로다"(시 47:5-9).

아울러 그때에는 다음과 같은 요한의 증언처럼 혼인 잔치 노래가 울려 퍼질 것입니다.

"할렐루야 주 우리 하나님 곧 전능하신 이가 통치하시도다
우리가 즐거워하고 크게 기뻐하며 그에게 영광을 돌리세
어린양의 혼인 기약이 이르렀고
그의 아내가 자신을 준비하였으므로"(계 19:6-7).

공로에 대한 심판 날 – 영원

거듭난 신자가 하늘나라에서 누리는 축복은 말로 다 형용할 수 없을 정도입니다. 누구도 그 영원한 축복과 영광을 다 생각할 수 없고, 다 묘사할 수 없을 것입니다(고후 4:17; 롬 8:18). 이 세상의 모든 괴로움이 다 지나간 뒤 신자들이 그리스도와 함께 한 상속자가 되어(롬 8:17) 영원한 기쁨의 나라에서 삼위 하나님과 함께 거

하는 그 축복과 영광을 누가 말로 다할 수 있겠습니까!

하지만 우리는 성경에 계시된 사실을 바탕으로 그 축복된 상태를 조금이나마 알 수 있습니다. 성경은 사후에 신자가 누릴 영원한 하늘나라의 삶을 네 가지 관점으로 나누어 묘사하고 있습니다. 그것은 곧 장소, 목적, 선택받은 신자의 특권, 그리고 그 특권의 결과입니다.

영원한 하늘나라의 삶 : 장소

신자가 영원한 삶을 누릴 장소는 하늘 중의 하늘, 곧 낙원이라고 불리는 셋째 하늘입니다(시 19:5; 고후 12:2). 셋째 하늘은 보이는 하늘보다 훨씬 더 위에 있는 곳으로 그리스도께서 승천하신 곳입니다. 그곳은 신랑이신 예수 그리스도께서 거하시는 곳으로(시 19:5; 마 25:10) 반짝이는 별들과 행성들이 커튼처럼 둘러싸 감추고 있기 때문에 우리의 부패한 육신의 눈으로는 볼 수 없습니다. 따라서 성경은 우리의 이해를 돕기 위해 인간이 상상할 수 있는 가장 보배로운 것들로 하늘나라를 묘사하고 있습니다.

성경은 하늘나라를 거룩한 성 새 예루살렘(계 21:2)이라고 부릅니다. 그곳에는 하나님과 구원받은 그분의 백성, 곧 생명책에 기록된 이들만 거합니다(계 21:24, 27). 하늘나라는 정금으로 지어졌고 마치 투명한 수정궁과 같습니다(계 21:11, 18-20). 벽은 벽옥으로 지어졌고, 열두 개로 된 벽의 기초는 모두 열두 개의 보석으로 장식되어 있습니다.

또한 벽에는 열두 개의 진주 문이 있습니다. 이 문은 각각 세 개씩 벽에 달려 있어 동서남북 사방을 향해 있고, 각각의 문 앞에는 천사가 지키고 있습니다. 많은 사람들이 그 문을 통과하지만 더러운 것은 들어올 수 없습니다(계 21:27).

성은 길이와 높이와 너비가 모두 똑같은 네모반듯한 정육면체로 되어 있습니다(계 21:16). 이는 성이 완전하고 영광스럽고 넓다는 것을 상징합니다.

성 안에는 수정같이 맑은 생명수의 강이 흐릅니다(계 22:1). 강 좌우에는 생명나무가 있습니다(계 22:2). 이 나무들은 영원히 시들지 않고 열두 가지 열매를 맺되 달마다 그 열매를 맺습니다. 그 잎사귀들은 만국을 치료합니다.

이처럼 새 예루살렘은 지극히 영광스럽고, 아름답고, 풍요롭고, 안락한 곳입니다. 그곳의 왕은 그리스도이시고, 그곳의 법은 사랑이며, 그곳에는 지극한 영광과 지고한 평화와 영원한 생명이 있습니다. 어둠이 없이 빛만 있고, 슬픔이나 병든 것이나 부족함이나 수치나 흠이나 수고나 썩는 것이나 불행이 없고 오직 즐거움, 건강, 부요, 영예, 아름다움, 편안함, 축복, 위로만이 영원합니다. 다윗은 이 성에 관해 말하기를, "하나님의 성이여 너를 가리켜 영광스럽다 말하는도다"(시 87:3)라고 했습니다.

하지만 이 모든 것은 우리의 이해를 돕기 위해 비유적으로 말한 것일 뿐입니다. 하늘나라의 영광은 이 모든 것을 훨씬 뛰어넘습니다. 따라서 그곳에 가본 사도 바울이 증언한 대로(고후 12:4; 고전 2:5) 그 누구도 그곳의 영광을 다 헤아릴 수 없고, 말로 다 형용할 수 없습니다.

그러므로 이 세상을 바라보지 마십시오. 이 세상은 나무와 진흙으로 지은 집에 불과하고, 죄인들이 거하는 불결한 곳입니다. 우리의 눈을 들어 하나님이 지으신 영원한 하늘의 도성을 바라보십시오(히 11:10). 그분은 우리의 아버지라 불리시는 것을 부끄러워하지 않으시고, 우리를 위해 하늘나라를 예비하고 계십니다.

영원한 하늘나라의 삶 : 목적

하늘나라의 삶이 지향하는 궁극적인 목적은 바로 하나님을 즐거워하는 것입니다. 삼위 하나님이 계시지 않는 하늘나라는 기쁨도 없고 행복도 없습니다. 구원받은 신자들은 하나님과의 교제를 통해 충만한 기쁨을 누립니다. 그들은 하늘나라에서 하나님의 아름다우심을 볼 뿐 아니라 그분의 신성에 참여합니다.

아름다우신 하나님을 뵙는 것만이 인간의 마음을 무한히 만족시킬 수 있습니다. 모든 것은 각각 그 중심을 향하려는 성향을 가집니다. 하나님은 바로 영혼이 지향하는 중심이십니다. 따라서 우리의 영혼은 하나님께로 돌아가 그분을 즐거워할 때까지는 노아의 비둘기처럼 쉴 곳을 찾지 못합니다.

모세는 하나님으로부터 모든 축복과 능력을 받았음에도 불구하고 하나님을 직접 뵙기를 원했습니다(출 3:13). 그러지 않고서는 궁극적인 만족을 얻을 수 없었기 때문입니다. 그러므로 우리는 하나님께 "우리에게 은혜를 베푸사 복을 주시고 그의 얼굴 빛을 우리에게 비추사"(시 67:1)라고 간절히 기도해야 합니다. 바울도 하나님의 영광을 경험한 뒤에는 세상의 모든 영광과 아름다움을 배설물로 여기고(빌 3:8, 11), 떠나서 그리스도와 함께 있기를 소원했습니다(빌 1:23). 예수 그리스도께서도 택하신 이들을 위해 다음과 같이 기도하셨습니다.

> "아버지여 내게 주신 자도 나 있는 곳에 나와 함께 있어······
> 나의 영광을 그들로 보게 하시기를 원하옵나이다"(요 17:24).

모세의 얼굴이 빛났던 이유는 그가 40일 동안 하나님과 함께 있었기 때문입니다. 당시 그는 하나님의 등만 보았을 뿐인데도 얼굴에서 광채가 났습니다(출 34:29, 33:23). 하물며 하나님이 우리를 아시듯 우리도 그분을 알고, 그분의 있는 모습 그대로의 얼굴을 대면하고 영원히 보게 된다면(고전 13:12; 고후 3:18; 요일 3:2) 우리의 얼굴에서 얼마나 찬란한 광채가 나겠습니까! 그때가 되면 우리의 영혼은 더 이상 "마라"(괴로움)가 아니라 "나오미"(기쁨)라는 이름으로 불릴 것입니다(룻 1:20). 진실로 현재의 고통은 잠깐이고 장차 영원한 아름다움과 축복만이 있을 것입니다.

또한 우리는 하늘나라에서 하나님과 직접적이고 영원한 교제를 나눌 것입니다. 우리는 그리스도의 인성 안에서 그분의 지체가 되고, 그럼으로써 영원한 삼위 하나님과 연합할 것입니다.

비신자들도 마지막 날에는 하나님을 봅니다. 하지만 그들에게 하나님은 징벌을 가하시는 심판자이실 뿐입니다. 그들은 하나님과 교제를 나누지 못하고, 그분의 영광과 은혜를 경험하지 못합니다. 귀신들이 "지극히 높으신 하나님의 아들 예수여 나와 당신이 무슨 상관이 있나이까"(막 5:7)라고 부르짖은 이유도 그들이 하나님과 교제를 나눌 수 없는 상태에 있었기 때문입니다.

하지만 회개한 영혼은 하나님과 교제할 수 있기 때문에 룻이 보아스에게 나아가듯 담대하게 그리스도께 나아가 "그리스도시여, 나는 당신의 종이오니 당신의 긍휼의 옷자락을 펴 나를 덮으소서"라고 말할 수 있습니다(룻 3:9). 하나님이 아브라함에게 하신 말씀, 곧 "나는……너의 지극히 큰 상급이니라"(창 15:1)는 말씀도 그분과의 교제를 약속합니다.

그리스도께서도 모든 신자가 하나님과 교제를 나눌 수 있게 해달라고 기도하셨습니다(요 17:20-21). 바울 역시 "하나님이 만유의 주로서 만유 안에 계시려 하심이라"(고전 15:28)고 말함으로써 하나님과의 교제를 표현했습니다.

진실로 하나님은 우리에게 모든 것이 되십니다. 물론 이 세상에서 우리가 하나님과 나누는 교제는 불완전하고 간접적입니다. 하지만 하늘나라에서는 다릅니다. 그곳에서 우리는 직접 하나님과 풍성하고 완전한 교제를 나눌 것입니다. 우리 영혼이 바라고 소원했던 모든 선한 것이 우리에게 주어질 것입니다. 하나님이 우리 영혼의 구원과 기쁨이 되시고, 우리 육체의 생명과 건강이 되실 것입니다. 그분이 우리 눈의 아름다움이 되시고, 우리 귀에 음악이 되시고, 우리 입에 꿀이 되시고, 우리 코의 향기가 되시고, 우리 마음에 빛과 즐거움이 되시고, 우리 의지를 만족하게 하실 것입니다.

하나님과 함께하는 곳에 무슨 부족함이 있겠습니까? 인간과 짐승, 물고기와 날짐승, 나무와 풀을 비롯한 모든 피조물 가운데 깃든 삶의 정기와 기쁨, 덕스러움과 아름다움, 조화와 색채, 선함과 발랄함 등은 하나님 안에 있는 완전함에서 나온 지극히 작은 것에 불과합니다. 우리는 하나님 안에서 그것들을 보다 완전하고 충만하게 누릴 것입니다.

하늘나라에서는 하나님이 우리에게 필요한 모든 것을 공급해 주십니다. 이 세상에서처럼 다른 피조물을 통해 우리의 필요를 채울 필요가 없습니다. 예를 들어 새 예루살렘에는 해도, 달도 더 이상 필요하지 않습니다. 하나님의 영광이 비치기 때문입니다(계 21:23). 창조주이신 하나님으로부터 모든 것을 직접 공급받기 때문에 더 이상 다른 피조물을 필요로 하거나 사용하지 않아도 됩니다.

그러므로 창조 세계의 아름다움과 위대함을 보거든 '이렇게 아름답고 위대한 세계를 지으신 하나님은 그 얼마나 위대하시고 아름다우실까?'를 생각하십시오. 자기보다 강한 피조물들을 다스리고, 해와 달을 연구하여 수년 전부터 미리 일식과 월식을 알아내는 인간의 지혜를 보거든 '피조물인 사람을 이렇게 지혜롭게 만드신 하나님은 그 얼마나 지혜로우실까?'를 생각하십시오.

고래와 코끼리의 힘, 폭풍우와 천둥의 위력을 보거든 '이렇게 강하고 두려운 것들을 만드신 하나님은 그 얼마나 강하시고 위대하시고 두려운 존재이실까?'를 생각하는 지혜를 가지십시오. 달콤하고 맛있는 음식을 먹거든 '이렇게 달콤한 것을 만드신 하나님은 얼마나 사랑스러우실까?'를 생각하십시오. 꽃과 새들이 지닌 고운 색깔과 사랑스러운 자연의 광경을 보거든 '이것들을 만드신 우리 하나님은 얼마나 아름다우실까?'를 생각하십시오.

진실로 이 세상에는 하나님이 우리를 위해 베풀어주신 놀라운 일들이 너무나 많습니다. 하지만 우리가 하나님 나라에 가면 "보김"(삿 2:5), 곧 눈물 골짜기와 같은 이 세상에서 누리는 즐거움이 아무것도 아니라는 사실을 알게 될 것입니다. 은혜로우신 구세주의 얼굴을 직접 뵈옵고 하나님의 사랑을 넘치도록 받을 것인데, 이보다 더 기쁘고 복된 일이 또 있겠습니까?

영원한 하늘나라의 삶 : 신자의 특권

선택받은 신자는 하나님과 교제를 누리는 덕분에 네 가지 특권을 갖습니다. 그 내용은 다음과 같습니다.

첫째, 신자는 하나님 나라를 상속하고(마 25장; 벧전 1:4) 하늘에 있는 새 예루살렘의 시민이 됩니다(엡 2:19; 히 12:22). 사도 바울은 로마의 시민이라는 사실 때문에 채찍질을 모면할 수 있었습니다(행

22:25). 마찬가지로 새 예루살렘의 시민이 된 신자들은 영원한 고통의 형벌을 결코 당하지 않습니다. 신자에게 주어진 이 자유는 값 주고 산 것이 아니라 하나님의 아들이신 예수 그리스도의 보배로운 피로 말미암아 거저 주어진 것입니다(벧전 1:18-19).

둘째, 신자는 왕과 제사장이 됩니다(계 5:10; 벧전 2:9). 신자는 왕으로서 그리스도와 함께 다스리며 사탄과 세상에 대해 승리를 거둡니다. 또한 신자는 제사장으로서 하나님께 감사와 찬양의 제사를 영원히 드립니다(벧전 2:5; 히 13:15). 이러한 이유 때문에 성경은 신자가 왕관을 쓰고 세마포를 입을 것이라고 말씀하고 있습니다. 이 사실은 자녀를 많이 둔 가난한 부모에게 특별히 위로가 됩니다. 왜냐하면 자식들을 모두 하나님을 경외하는 진실한 신자로 키울 경우 장차 많은 왕과 제사장을 자녀로 둔 행복한 부모가 될 것이기 때문입니다.

셋째, 정오의 태양보다 더 밝게 비치는 그리스도의 영광스러운 몸처럼(빌 3:21; 행 12:7) 신자의 몸도 밝게 빛납니다(마 13:43). 이러한 광채는 모세와 엘리야의 몸에서도 나타났고, 변화산에서 예수님이 변모하실 때도 잠시 나타났습니다(눅 9:30; 막 9:3). 사도 바울은 부활한 신자의 몸이 신령해질 것이라고 말했습니다(고전 15:43-44). 신령한 몸은 마치 천사처럼 원하는 곳을 오르내릴 수 있습니다. 우리의 썩을 육신이 하나님의 아들의 몸처럼 영광스러워진 다니(살전 4:1), 이는 참으로 놀라운 일입니다.

마지막으로, 신자는 모든 수고에서 벗어나 거룩한 천사들과 함께 영원한 안식을 누립니다. 다시 말해 신자는 교회를 세우시고, 구속하시고, 거룩하게 하신 하나님, 곧 힘과 지혜와 정의와 긍휼과 선함으로 온 천지를 다스리신 하나님을 예배하며 영원히 영광과 찬양과 감사를 돌리며 안식을 누립니다. 아름다운 음악이 들리는 가운데 성도와 천사들이 한목소리로 찬양을 하고, 영원한 안식을 누리며 "할렐루야"를 부르는 모습을 상상해 보십시오. 그 기쁨과 즐거움은 말로 다할 수 없을 것입니다.

영원한 하늘나라의 삶 : 특권의 결과

이러한 신자의 특권으로부터 다섯 가지 결과가 구원받은 신자에게 나타납니다. 그 내용은 다음과 같습니다.

첫째, 하나님을 온전히 알게 됩니다(고전 1:10). 다시 말해 피조물이 알 수 있는 한도 내에서 최대한 가장 완전하게 창조주 하나님에 관한 지식을 갖게 됩니다. 하늘나라는 세상을 창조하신 하나님이 계시는 곳이기 때문에 간접적인 방법을 통해 그분에 관해 배울 필요가 없습니다. 이 세상에서는 하나님과 우리 사이에 있는 모든 것이 수건에 가려진 것처럼 희미합니다(고전 13:12; 고후 3:16). 하지만 수건이 벗겨지면 하나님을 얼굴과 얼굴을 마주하고 뵈옵고, 그분이 우리를 아신 것같이 우리도 그분을 온전히 알게 될 것입니다.

우리는 성부의 권능과 성자의 지혜와 성령의 은혜를 깨닫고 삼위 하나님의 속성을 분명히 보게 될 것입니다. 또한 하나님을 통해 믿음 안에서 죽은 이들뿐 아니라 현재와 장래의 모든 신실한 믿음의 식구들, 곧 하나님의 백성을 다 알게 될 것입니다. 다음과 같은 사실들이 이를 입증합니다.

- 그리스도께서는 유대인들에게 그들이 하나님 나라에서 아브라함과 야곱과 모든 선지자를 보게 될 것이라고 말씀하셨습니다(눅 13:28). 그러므로 우리도 그들을 볼 것입니다.
- 타락 이전의 아담은 잠에서 깨어난 순간 하와가 자신의 뼈 중의 뼈요 살 중의 살이라는 것을 알았습니다(창 2:23). 그러므로 우리가 부활을 통해 완전하고 영광스러운 모습이 되면 서로에 대해 훨씬 더 잘 알게 될 것입니다.
- 그리스도께서 부활하셨을 때 그분과 함께 많은 성도들이 일시적으로 부활하여 예루살렘에 나타났습니다(마 27:52-53). 사도들은 부활하신 그리

스도와 그 성도들을 알아보았습니다.

- 베드로와 야고보와 요한은 모세와 엘리야의 변화된 모습을 알아보았습니다(마 17:4). 그러므로 우리가 부활하여 영화롭게 되면 서로를 더욱더 잘 알아볼 것입니다.

- 부자는 아브라함의 품 안에 있는 나사로를 알아보았습니다(눅 16:23). 그러므로 하늘나라에서는 서로를 더욱더 잘 알아볼 것입니다.

- 그리스도께서는 열두 제자들이 열두 보좌에 앉아(마 19:28) 열두 지파를 심판하리라고 말씀하셨습니다(고전 6:2-3). 그러므로 하늘나라에서 우리는 열두 제자와 나머지 성도들을 알아볼 것입니다.

- 바울은 장차 하나님이 우리를 아시듯 우리도 그분을 알게 될 것이라고 말했습니다(고전 13:11). 어거스틴은 이 성경 말씀을 들어 과부가 된 한 여인을 위로한 적이 있습니다. 그는 그녀에게 이 세상에서 남편을 보았듯이 장차 하늘나라에 가서도 그를 알아볼 것이며, 그의 모든 생각까지도 다 알게 될 것이라고 말했습니다. 따라서 우리는 모든 일에 있어서 우리의 생각과 행위를 삼가는 것이 좋습니다. 그날이 오면 모든 것이 백일하에 드러날 것이기 때문입니다(고전 4:5).

- 구약성경은 죽음을 자기 백성에게로 돌아가는 것(창 25:17)으로 묘사하고 있습니다. 이는 죽은 뒤에도 가족을 서로 알아볼 수 있음을 암시합니다.

- 사랑은 언제까지나 없어지지 않습니다(고전 13:8). 그러므로 사랑으로 서로를 알게 된 지식은 다음 세상에 가서도 그대로 남습니다.
- 마지막 날은 하나님의 의로운 심판이 있는 날입니다. 그날 각 사람은 자신의 행위대로 보상을 받습니다(롬 2:5; 계 22:12; 전 12:14; 롬 2:16). 각 사람의 행위가 밝히 드러날 때는 당연히 그것을 행한 사람이 누구인지도 분명하게 드러나기 마련입니다. 무익한 말을 한 것 때문에 심판을 받게 된다면(마 12:36) 그 말을 한 사람이 누구인지도 분명히 밝혀질 것입니다. 누구인지를 밝히지 않고 그 행위를 심판할 수는 없지 않습니까? 그날 모든 사람은 각각 자신의 행위에 대해 하나님 앞에서 책임을 지게 될 것입니다. 그때에는 이 세상에서의 지위나 직분 등 모든 것이 다 끝납니다. 그리스도께서도 중보자의 직임을 그만두시고 성부 하나님과 성령 하나님과 함께 만유 안에서 만유를 다스리십니다(고전 15:14, 28).

이 세상에서 얻은 지식이 제아무리 위대하다 해도 장차 하늘나라에서 알게 될 지식에 비하면 아무것도 아닙니다. 하늘나라에서는 박식한 철학자의 지식이 말 한마디 못하는 어린아이의 지식과 같습니다. 지식을 갈망하는 사람이 있다면 하늘나라에 가서 배워야 합니다. 우리가 이 세상에서 빛이라고 알고 있는 것은 하나님 앞에 가면 그림자에 불과합니다.

우리가 장차 하나님을 알게 되면 창조와 구속의 신비를 알게 될 것입니다. 다시 말해 피조물로서 가질 수 있는 최대한의 완전한 지식을 갖추어 창조주 하나님과 그분의 행사를 이해하게 될 것입니다. "우리가 그에게서 들은 것도 속삭이는 소리일 뿐이니"(욥 26:14)라는 욥의 고백대로, 이 세상에 있는 동안 우리가 갖는 하나님에 관한 지식은 지극히 적습니다.

둘째, 피조물의 능력으로 드릴 수 있는 가장 완전하고 절대적인 사랑을 하나님께 드리게 됩니다. 하나님께 대한 사랑은 온전하고 다함이 없어야 합니다. 하지만 이 세상에서는 우리가 하나님을 부분적으로 알 듯이 그분께 대한 우리의 사랑도 부분적일 수밖에 없습니다. 그러나 장차 하늘나라에서는 우리가 그분을 온전히 알게 되기 때문에 완전한 사랑을 드릴 수 있습니다. 모든 사랑의 근원이신 하나님 안에 우리가 있다는 사실을 알 때 우리는 그분의 사랑으로 인해 무한히 기뻐할 것입니다.

셋째, 하나님이 주시는 기쁨으로 충만해집니다. 다윗은 다음과 같이 고백했습니다.

> "주의 오른쪽에는 영원한 즐거움이 있나이다"(시 16:11).
> "주께서 주의 복락의 강물을 마시게 하시리이다"(시 36:8).

하나님의 지극히 아름다우신 모습을 뵈옵는 순간, 신자의 영혼은 이 세상에서 맛볼 수 없었던 선함과 아름다움, 영광과 완전함을 보게 됩니다. 하나님을 뵈올 때 이 세상에서 가장 큰 기쁨과 가장 아름다운 것조차 희미한 그림자에 그치고 맙니다.

삶의 기쁨을 원했던 자는 하나님 안에서 슬픔도 없고 고통도 없는 지극한 기쁨을 발견하고, 진정한 영광을 보기 원했던 자는 그 영광을 발견하고, 아름다운 보화를 사모했던 자는 그 보화를 소유하게 될 것입니다. 이 밖에도 부족함이 없는 완전한 지식, 아픔을 모르는 건강, 죽음을 모르는 생명을 그분 안에서 누리게 될 것입니다. 그러므로 이 세상이 끝나고 하늘나라에 갈 때 우리는 얼마나 행복할까요!

넷째, 말할 수 없는 기쁨을 누리게 됩니다. 다윗은 "주의 앞에는 충만한 기쁨이 있고"(시 16:11)라고 말했습니다. 우리는 하나님을 뵈올 때 기쁨이 솟아오르고, 천사들과 축복받은 의로운 성도들을 볼 때도 기쁠 것입니다. 특별히 새 언약의 중보자이시고, 인간이 되신 하나님이시자 임마누엘이신 예수 그리스도의 복되신 모습을 뵈올 때 기쁠 것입니다. 그분의 모습이야말로 기쁨의 주된 원천입니다.

솔로몬이 왕위에 오를 때 예루살렘의 거주민들은 땅이 진동할 만큼 기뻐 소리를 쳤는데, 하물며 영광으로 옷 입으신 그리스도를 뵈올 때는 더욱더 기뻐 소리를 높이지 않겠습니까? 세례 요한은 어머니 배 속에서 예수님을 알아보고 기뻐 뛰었는데, 하물며 하늘나라에서 그분과 함께하게 된 성도들은 그 얼마나 기쁘겠습니까?

동방 박사들은 구유에 누이신 아기 예수님을 보고 기뻐 경배했는데, 하물며 이제 왕으로서 하늘 보좌에 앉으신 그분을 뵈올 때는 얼마나 더 기쁘겠습니까? 시므온은 제사장의 팔에 안긴 어린 예수님을 성전에서 보았을 때 즐거워했는데, 하물며 하나님 아버지의 오른쪽에 앉으시어 만물을 다스리시는 그분을 뵈오면 얼마나 기쁘겠습니까?

아울러 요셉과 마리아도 잃어버린 예수님이 성전에서 율법 학자들과 이야기를 나누고 계신 것을 발견하고는 기뻐했는데, 하물며 하늘나라의 보좌에 앉으시어 천사들 가운데 계시는 그분의 모습을 뵈올 때는 그 얼마나 기쁘겠습니까?

다음의 말씀은 천국에서 주님을 뵈올 때 우리가 누리게 될 기쁨을 보여줍니다. 진실로 우리는 장차 그와 같은 기쁨에 참여할 것입니다.

> "하나님이 자기를 사랑하는 자들을 위하여
> 예비하신 모든 것은 눈으로 보지 못하고 귀로 듣지 못하고
> 사람의 마음으로 생각하지도 못하였다"(고전 2:9).

다섯째, 복되고 영광스러운 모습으로 영원히 살게 됩니다. 한마디로 영생을 누리게 됩니다(요 17:3). 그리스도께서는 우리의 기쁨을 그 누구도 빼앗지 못할 것이라고 말씀하셨습니다. 세상에서 누리는 기쁨은 제아무리 크더라도 끝이 있는 법입니다. 아하수에로 왕은 180일 동안 잔치를 베풀고 기뻐했지만(에 1:3) 결국 축제의 기쁨은 물론이거니와 그 자신도 영원히 사라져버리고 말았습니다.

진실로 죽을 수밖에 없는 인간이 하늘나라에 올라가 천사들과 함께 거하며 부족함 없는 즐거움과 기쁨을 영원토록 누린다는 것은 놀라운 일이 아닐 수 없습니다. 따라서 바울처럼 영원한 기쁨을 맛본 초대 교회 성도들은 이 세상의 모든 즐거움과 부귀를 배설물로 여겼습니다(빌 3:8). 그러므로 그들은 영생을 얻기 위해 신실한 믿음으로 기도하고, 금식하고, 헌금하고, 죄를 애통해하고, 선한 삶을 살기 위해 애쓰고, 재산과 소유를 팔아 각 사람에게 나눠주었던 것입니다(행 2:45).

그리스도께서는 신자들을 상인에(눅 19장), 영생을 값진 진주에 비유하셨습니다. 그리고 지혜로운 상인은 가진 것을 다 팔아 그 진주를 산다고 말씀하셨습니다(마 13장).

알렉산더 대왕은 동방에 엄청난 부가 있다는 정보를 듣고 마케도니아 왕국의 모든 것을 부하 장수와 병사들에게 나누어주었습니다. 헤파스티온이 그 모습을 보고 "대왕, 무엇 때문에 이렇게 하시는 것입니까?" 하고 물었습니다. 그러자 알렉산더는 "부왕인 필립이 내게 물려주신 이 마케도니아보다 훨씬 더 좋은 인도의 부를 곧 취하게 될 것이기 때문입니다"라고 말했습니다.

잠시 있다가 없어지는 세상의 부에 대해서도 이러한데, 바로 눈앞에 있는 영원한 하늘나라의 부를 위해 썩어질 이 세상의 것들을 버리는 것이 마땅하지 않겠습니까?

아브라함과 사라는 하나님이 지으신 도성을 바라보고 자기 고향과 재산을 모두 버렸습니다(히 11:10, 15-16). 그 결과 그들에게는 땅은커녕 묻힐 무덤 자리조차 없었습니다. 다윗도 "주의 궁정에서의 한 날이 다른 곳에서의 천 날보다 나은즉 악인의 장막에 사는 것보다 내 하나님의 성전 문지기로 있는 것이 좋사오니"(시 84:10)라고 말했습니다.

엘리야도 자신의 영혼을 하늘나라로 영접해 달라고 하나님께 간절히 기도했습니다(왕상 19:4). 그는 결국 불병거를 타고 하늘나라로 올라갔습니다(왕하 2:11). 한 번 하늘나라를 경험했던 사도 바울은 어서 세상을 떠나 주님과 함께 있기를 원했습니다(빌 1:23). 변화산에서 하늘의 영광을 맛본 베드로는 "주여……여기 있는 것이 좋사오니"(마 17:4) 하면서 아예 그곳에 살고 싶다고 했습니다. 그런 베드로가 이제는 하늘나라에 있으니, 그 얼마나 기쁘겠습니까?

그리스도께서도 아버지 하나님이 자신을 하늘나라의 영광 안으로 받아들여주시기를 기도하셨습니다(요 17:5). 이에 대해 히브리서 저자는 "그는 그 앞에 있는 기쁨을 위하여 십자가를 참으사 부끄러움을 개의치 아니하시더니"(히 12:2)라고 진술했습니다.

사람은 일단 하늘나라의 기쁨을 맛보면 그 기쁨을 누리기 위해 죽음도 두려워하지 않게 됩니다. 어거스틴은 "하늘의 기쁨을 얻기 위해 지옥에라도 들어가야 한다면 기꺼이 그렇게 하겠다"고 말했습니다. 이그나티우스도 잔인한 고문과 위협을 당했을 때 용기를 잃지 않고 다음과 같이 대답했습니다.

"불, 교수대, 맹수, 아무것이나 좋다. 내 뼈를 부수고, 내 사지를 자르고, 내 몸을 으깨라. 지옥의 모든 고통을 다 내게 퍼부어라. 하지만 나는 주 예수와 그분의 나라를 기뻐하리라."

폴리캅의 경우도 마찬가지였습니다. 그는 죽음의 공포 앞에서도 예수님을 부인하지 않았습니다. 바실도 자신을 박해하는 이들을 향해 "나는 결코 죽음을 두려워하지 않노라. 죽음은 나를 지으신 분께 나를 인도하는 지름길일 뿐이다"라고 했습니다.

룻은 고국을 버리고 시어머니인 나오미를 따라 가나안(하늘나라의 상징)으로 갔습니다. 그녀가 나오미를 따라간 이유는 이스라엘의 하나님을 조금이나마 알게 되었기 때문입니다.

그렇다면 그리스도를 믿는 우리도 기꺼이 하늘의 가나안까지 그분을 따라가야 하지 않겠습니까? 그곳에서 우리는 영생을 누릴 것입니다. 영생은 하나님의 말씀에 의해 주어진 거룩한 언약이고, 그분의 아들의 피로 인 치신 것이고, 성령과 성례를 통해 보증된 것입니다.

영생이야말로 우리가 하늘나라에서 누릴 영원한 행복입니다. 그곳에서 우리는 복되신 삼위 하나님과 교제를 나누고, 어린양 앞에서 기뻐 찬양하고, 성도와 천사들과 함께 "할렐루야"를 외칠 것입니다. 하늘나라에는 결코 늙지 않는 영원한 젊음과 쇠하지 않는 아름다움, 다함이 없는 사랑과 아픔이 없는 건강, 끝이 없는 생명만이 존재합니다.

구원을 소중히 여기라

　예수님이 계시지 않은 인간은 본질상 부패한 존재로서 저주 아래 놓여 있습니다. 이런 이유로 성경은 사악한 사람을 사자, 곰, 소, 말, 개 등 야만적인 짐승에 비유합니다. 거듭나지 못한 사람은 죽을 때 세상에서 가장 더러운 피조물보다 비참하게 죽을 수밖에 없습니다. 짐승들은 죽음과 함께 모든 불행이 끝납니다.

　하지만 인간은 하나님의 형상으로 지음받아 그분을 섬기도록 만들어졌기 때문에 불멸의 영혼을 소유하고 있습니다. 따라서 죽더라도 자신이 저지른 잘못에 대해 영원히 책임을 지고 끝없는 불행에 시달리게 됩니다. 사후에도 자신의 행동에 대해 책임을 지는 피조물은 인간밖에 없습니다.

　이성이 없는 짐승들은 자신들의 행위에 대해 책임을 지지 않습니다. 선한 천사들은 비록 이성을 지니고 있으나 죄가 없기 때문에 책임을 질 필요가 없습니다. 악한 천사들은 이미 심판을 받아 정죄되었기 때문에 더 이상의 소망도 없고 책임 추궁도 없습니다. 하지만 인간은 죽을 때 하나님 앞에서 자신의 삶에 대해 책임을 져야 합니다.

한편 그리스도 안에서 하나님과 화목해진 신자는 하나님의 형상과 다른 피조물에 대한 주권을 회복한 행복한 상태에 있습니다. 이 세상에서 거듭난 신자는 천사보다 조금 못하지만 다가올 내세에서는 천사와 동등할 뿐 아니라, 사실 그 이상이 됩니다. 왜냐하면 거듭난 신자는 하나님의 아들과 인격적으로 하나 될 뿐 아니라 삼위 하나님의 영광에 참여하기 때문입니다. 신자는 천사와 형제가 되어 영적 은혜와 영원한 영광 속에 함께 거하게 됩니다.

지금까지 우리는 하나님이 얼마나 영광스럽고 완전한 분이신지를 살펴보는 한편, 우리의 영원한 행복과 기쁨이 그분과의 교제 안에 놓여 있다는 사실을 알아보았습니다. 그러므로 이제 그리스도 예수의 심장으로 권합니다. 구원받은 것을 소중히 여기십시오. 우리는 현재 저주받은 비참한 세상에 살고 있습니다. 이 세상은 우리로 하여금 하나님과 영생과 축복으로부터 멀어지게 하려고 합니다. 따라서 세상의 거짓되고 허무하고 악한 것들을 경계하고 믿음의 삶을 살기 위해 애쓰십시오.

경건 Class #4

경건의 연습을 방해하는 7가지 장애물

그리스도 안에서 우리가 누리는 축복이 큰 만큼 그것을 누리지 못하도록 방해하는 장애물의 위력 역시 강합니다. 우리는 경건의 연습을 방해하는 장애물에 관해 미리 앎으로써 죄의 유혹에 대비해야 합니다.

경건의 연습을 방해하는 장애물에는 다음 7가지가 있습니다.

- 성경 및 주요 교리에 대한 오해

- 악한 본보기

- 세상에서 받을 형벌의 유보

- 하나님이 긍휼을 베푸시리라는 그릇된 가정

- 악한 친구들

- 경건의 연습은 고달프다는 거짓 두려움

- 회개를 늦추는 것

장애물 #1 : 성경 및 주요 교리에 대한 오해

자주 오해하는 성경 말씀들

> "그가 돌이켜 자기의 죄에서 떠나서
> 정의와 공의로 행하여……
> 그가 본래 범한 모든 죄가 기억되지 아니하리니"(겔 33:14-16).

육에 속한 사람은 이 말씀을 읽고 자신이 원할 때 언제든지 회개할 수 있으리라고 생각합니다. 물론 죄인이 회개하면 하나님이 용서하십니다. 그러나 이 말씀은 죄인이 원하면 언제든지 회개할 수 있다는 뜻이 아니라 하나님이 은혜를 주실 때 비로소 회개할 수 있다는 뜻입니다.

성경에 보면 많은 사람들이 눈물을 흘리며 구했으나 버린 바 되어 회개할 기회를 얻지 못했다고 기록되어 있습니다(히 12:17; 눅

13:24, 27). 그렇다면 아직 회개하지 않았거나 앞으로도 하나님께 회개의 은혜를 받을지 못 받을지 알 수 없는 이에게 이 성경 말씀이 대체 무슨 위로가 되겠습니까?

> "수고하고 무거운 짐 진 자들아 다 내게로 오라
> 내가 너희를 쉬게 하리라"(마 11:28).

아주 불순하고 더러운 사람은 이 말씀을 읽고 자신이 원할 때면 언제든지 그리스도께 올 수 있다고 생각합니다. 그러나 그는 베드로가 말한 것처럼 의의 도를 아는 자, 우리 주 되신 구주 예수 그리스도를 앎으로 세상의 더러움을 피한 자(벧후 2:20-22) 외에는 아무도 그리스도께 올 수 없다는 사실을 알아야만 합니다. 그리스도께 오는 것은 곧 회개하고 믿는 것을 말합니다(사 1:18; 요 6:35). 우리 주 예수 그리스도의 하늘 아버지께서 그분의 은혜로 이끌지 않으시면 아무도 그리스도께 올 수 없습니다(요 6:44).

> "그러므로 이제 그리스도 예수 안에 있는 자에게는
> 결코 정죄함이 없나니"(롬 8:1).

"그리스도 예수 안에 있는 자"는 육이 아닌 성령을 좇아 행하는 자를 가리킵니다. 그러므로 아직 성령을 좇아 행하기로 결단조차 하지 않은 사람의 경우 해당되지 않는 말씀입니다.

> "그리스도 예수께서 죄인을 구원하시려고
> 세상에 임하셨다"(딤전 1:15).

이 말씀에서 "죄인"은 사도 바울처럼 회개하고 악한 생활에서 돌이킨 자를 가리키는 것이지, 여전히 악한 생활을 계속하고 있는 자들을 뜻하지 않습니다. 바울은 디도서에서 "모든 사람에게 구원을 주시는 하나님의 은혜가 나타나 우리를 양육하시되 경건하지 않은 것과 이 세상 정욕을 다 버리고 신중함과 의로움과 경건함으로 이 세상에 살고"(딛 2:11-12)라고 말했습니다.

> "대저 의인은 일곱 번 넘어질지라도
> 다시 일어나려니와"(잠 24:16).

이 말씀은 의인이 죄에 빠진다는 뜻이 아니라 그의 악한 원수의 계략에 빠진다는 뜻이요, 따라서 하나님이 그를 그 계략으로부터 구원해 주신다는 뜻입니다(시 34:19). 만약 이것이 죄에 빠졌다가 그 죄로부터 벗어난다는 뜻이라 해도 사실 별 의미가 없습니다. 왜냐하면 육에 속한 사람이 매일 죄에 빠지는 것은 볼 수 있지만 회개하고 그 죄에서 다시 일어서는 것은 보지 못했기 때문입니다.

"우리의 의는 다 더러운 옷 같으며"(사 64:6).

이 말씀을 읽고 육에 속한 사람은 이렇게 생각합니다. '아무리 훌륭한 성도의, 아무리 고결한 행위도 더 나을 것이 없다니……. 나의 행위 정도면 충분히 선하다고 할 수 있지 않은가? 그러니까 나의 경건이 온전하지 못할지라도 슬퍼하거나 괴로워할 필요는 없어.'

그러나 이 말씀에서 이사야 선지자는 불쌍히 여기는 마음으로 베푸는 관대한 구제라든가, 복음을 위해 당하는 고난, 세상에서 가진 것을 잃어버리는 것, 피 흘리는 것, 또는 사도 바울이 성령의 열매라 부르는 행위들(갈 5:22-23) 등 중생한 자의 의로운 행위를 말하고 있는 것이 아닙니다. 오히려 유대교가 하나님을 떠나 우상숭배에 빠졌을 때 유대교의 이름으로 겸손히 그 죄를 고백하며 인정하는 것입니다. 즉 그들이 더러운 죄를 지어 하나님께로부터 분리되어 있는 동안 마치 문둥병자가 전염성 있는 고름과 더러운 옷들 때문에 다른 사람들로부터 분리되듯이, 그들이 행한 최고의 의조차 하나님의 눈에는 가증한 것으로 보일 수밖에 없다는 사실을 인정하는 것입니다.

사실 우리의 선행이 아무리 훌륭하다 할지라도 그리스도의 의에 비하면 더러운 옷에 지나지 않습니다. 하나님이 그리스도 안에서 우리를 받으셨기 때문에 그것을 흰옷이라 부르는 것입니다(계 3:18). 표범의 반점(렘 13:23)이나 더러운 옷(슥 3:4)과는 거리가 먼, 빛나는 깨끗한 세마포라 부르는 것입니다(계 19:8).

"우리가 다 실수가 많으니"(약 3:2).

이는 맞는 말씀입니다. 그러나 하나님의 자녀들은 매사에 자기 정욕을 죽이기 위해 노력하거나 타락한 본성을 거슬러 바르게 살려고 노력하지 않은 채 되는 대로 죄를 지으며 살지 않습니다.

물론 하나님의 사랑스러운 자녀들에게 날마다 "하늘에 계신 우리 아버지, 우리의 죄를 용서하여 주소서"라고 부르짖을 필요가 있을 정도로 죄의 잔재들이 남아 있는 것은 사실이지만, 신약성경은 그중 어느 누구도 죄인이라 부르지 않습니다. 오직 거듭나지 않은 자들만 죄인이라 부릅니다(갈 1:15; 롬 5:8; 요 9:31).

그러나 중생한 자들은 그들이 진실한 거룩함으로 하나님을 열심히 섬기기 위해 애쓴다는 점에서 신약 어디서든 성도라 불립니다. 요한 사도는 "하나님께로부터 난 자마다 죄를 짓지 아니하나니"(요일 3:9)라고 말했습니다. 즉 그들은 고의적으로 더러운 죄 가운데 살지 않고, 오히려 자기 안에서 자기를 지배하는 죄로 인해 괴로워하며 삽니다.

그러므로 스스로를 그리스도인이라 칭하며 속지 않도록 조심하십시오. 무엇이든 중한 죄를 습관적으로 지으며 사는 사람은 누구든 하나님의 은혜 안에 살고 있지 않은 것입니다. 사도 바울은 "주의 이름을 부르는 자마다 불의에서 떠날지어다"(딤후 2:19)라고 말했습니다.

중생한 자들은 죄를 범하되 고의적으로 범하는 것이 아니라 약하기 때문에 범합니다. 그리고 죄를 범한 후에는 그 죄를 회개합니다. 그러면 하나님이 용서해 주십니다. 그들은 또 사망에 이르는 죄를 짓지 않습니다(요일 5:16).

그러나 택함받지 않은 사람들은 고의적으로 악한 죄를 저지를 뿐 아니라 그 죄를 즐깁니다. 따라서 죄가 그들을 먼저 떠나면 떠났지, 그들이 먼저 죄를 떠나는 법은 결코 없습니다. 그들은 회개하지 않습니다. 따라서 하나님도 그들을 용서하지 않으십니다.

이처럼 그들의 죄는 사도 요한이 말한 것처럼 사망에 이르는 죄입니다. 아니, 사도 바울의 말처럼 진노를 쌓는 죄입니다(롬 2:5). 그러기에 우리는 누구나 다 죄인이라고 말함으로써 핑계를 댈 수 없습니다. 참된 그리스도인은 모두 성도입니다.

> "내가 진실로 네게 이르노니
> 오늘 네가 나와 함께 낙원에 있으리라"(눅 23:43).

이 말씀을 읽고 육에 속한 사람들은 이렇게 말합니다. "마지막 순간에 회개한 도적은 낙원에 이르는 축복을 받았어. 그렇다면 나도 죽는 순간, '주여, 저를 불쌍히 여겨주소서'라고 말하면 구원을 받을 거야." 그러나 만일 그때 구원받지 못한다면 어떻게 하겠습니까? 그날에 많은 사람들이 "주여, 주여" 하고 주님을 부르겠지만 주님은 그들을 모른다 하실 텐데 말입니다(마 7:22-23).

그 도적은 회개함으로 구원을 받았습니다. 그러나 옆에 매달린 사람은 회개의 은혜를 전혀 받지 못한 채 결국 지옥에 떨어지고 말았습니다. 그러므로 이 땅에서 마지막 순간에 회개할 수 있다는 것만 믿고 있다가 지옥에 떨어지는 일이 없도록 조심하십시오. 회개하려 하지만 너무 늦어 회개할 수 없는 지경에 이르는 일이 없도록 유의하십시오.

> "그 아들 예수의 피가 우리를 모든 죄에서
> 깨끗하게 하실 것이요"(요일 1:7).
> "만일 누가 죄를 범하여도 아버지 앞에서
> 우리에게 대언자가 있으니
> 곧 의로우신 예수 그리스도시라"(요일 2:1 이하).

얼마나 위로가 되는 말씀인지 모릅니다. 그러나 사도 요한은 똑같은 구절에서 "나의 자녀들아 내가 이것을 너희에게 씀은 너희로 죄를 범하지 않게 하려 함이라"(요일 2:1 이상)고 말했습니다.

만일 우리가 죄를 떠난다면 이 위로의 말씀이 우리를 위한 것이 되겠지만 그렇지 않다면 전혀 해당되지 않습니다.

> "죄가 더한 곳에
> 은혜가 더욱 넘쳤나니"(롬 5:20).

참으로 은혜로운 말씀입니다. 그러나 사도 바울이 이어서 하는 말을 들어보십시오. "그런즉 우리가 무슨 말을 하리요 은혜를

4장 경건의 연습을 방해하는 7가지 장애물

더하게 하려고 죄에 거하겠느냐 그럴 수 없느니라 죄에 대하여 죽은 우리가 어찌 그 가운데 더 살리요"(롬 6:1-2).

이 말씀은 우리에게 "주제넘게 행동하지 말고, 그렇다고 너무 절망 가운데 빠지지도 말라"고 가르칩니다. 따라서 이 약속의 말씀은 참 회개한 심령 이외의 사람에게는 사실 어떤 은혜도 약속하지 않고 있습니다.

자주 오해하는 주요 교리들
오직 믿음으로만 의롭게 됨

육에 속한 사람은 "오직 믿음으로만 의롭게 된다"는 교리를 듣고 선행이 전혀 필요 없다고 결론짓습니다. 그래서 다른 사람들에게는 선을 행하라고 명하면서 자신은 그런 것을 하지 않아도 얼마든지 믿음으로 구원받을 수 있다고 생각하며 스스로를 위로합니다.

그러나 여기에서 알아둘 것이 한 가지 있습니다. 그것은 선행이 비록 칭의에는 필수가 아니지만 구원에는 필수라는 사실입니다.

> "우리는 그가 만드신 바라
> 그리스도 예수 안에서 선한 일을 위하여 지으심을 받은 자니
> 이 일은 하나님이 전에 예비하사
> 우리로 그 가운데서 행하게 하려 하심이니라"(엡 2:10).

따라서 자신이 무엇을 하고 있는지 알 만한 사람이 부르심을 받은 이후 선행의 열매를 맺지 않는다면 그는 구원받을 수 없을 뿐 아니라 사실 영생을 얻도록 예정된 자라고 볼 수 없습니다. 그래서 성경은 그리스도께서 각 사람에게 그 행한 대로 보응하신다고 말씀하고 있는 것입니다(롬 2:6; 고후 9:6; 계 22:12).

그리스도께서는 일곱 교회의 사자들에게 편지하게 하실 때 그들의 행위와 수고 외에는 아무것도 중요하게 여기지 않으셨습니다(계 2:2). 그분은 또한 마지막 날에 선을 행한 자들, 즉 주릴 때에 먹을 것을 주었고, 헐벗었을 때에 옷을 입혔던 자들에게만 천국의 유업을 주실 것이고, 그들은 그날 의의 면류관을 쓸 것입니다(마 25장; 딤후 4:8).

의 없이는 면류관도 없습니다. 사람은 자신이 받은 달란트에 따라 선을 행하지 않으면 하나님으로부터 아무 보상도 받지 못합니다. 불의를 따르는 자에게는 진노와 분노의 보상만이 따를 뿐입니다(롬 2:8).

선을 풍성히 행하는 것이야말로 영생을 얻기 위해 좋은 터를 쌓는 가장 확실한 길입니다(딤전 6:19). 선행은 그리스도와 (우리를 구원하기 위해 행하신) 그분의 순종을 깨닫게 하는 참 믿음의 진정한 열매이고, 그리스도 안에서는 사랑으로써 역사하는 믿음 이외에 다른 것은 아무 효력도 없기 때문입니다(갈 5:6).

나무가 항상 열매를 맺고, 태양이 항상 빛을 발하고, 불이 항상 열을 내고, 물이 항상 수분을 함유하고 있듯이 우리를 의롭게 하는 믿음에는 항상 선행이 뒤따르게 되어 있습니다. 사람들 앞에서 선을 행하지 않는 믿음은 그 자체가 죽은 믿음으로, 하나님 앞에서 그의 영혼을 결코 의롭게 하지 못합니다(약 2:26). 그러나 의롭게 하는 믿음은 사람의 마음을 깨끗하게 할 뿐 아니라 그 영과 혼과 몸을 온전히 거룩하게 만듭니다(행 15:9, 16:18; 살전 5:23).

예정 교리와 작정 교리

하나님의 영원하신 예정 교리와 그분의 변치 않으시는 작정 교리에 관해 들을 때 육에 속한 사람은 이렇게 생각합니다.

'내가 이미 구원을 얻도록 예정되었다면 나는 어차피 구원을 받을 것이고, 지옥에 떨어지도록 예정되었다면 무슨 짓을

하든 아무 소용이 없을 거야. 그러니까 경건한 행위를 해서 뭐 하겠어?'

그러나 여기에서 알아둘 것이 있습니다. 그것은 하나님이 목적뿐 아니라 수단까지도 예정하셨다는 사실입니다. 따라서 하나님이 누군가가 구원을 얻도록(목적) 예정하셨다면(벧전 1:9) 그는 또한 먼저 부르심을 받고, 의롭다 하심을 얻고, 하나님의 아들의 형상을 본받도록(수단) 예정되었다는 것입니다(롬 8:29-30; 요 15:16).

베드로 사도는 구원을 얻도록 택함받은 자들은 또한 성령의 거룩하게 하심을 받도록 택함받았다고 말합니다(벧전 1:2). 따라서 만일 하나님의 부르심을 받고, 주인 되신 그리스도의 말씀과 본을 따르고, 성령의 선하신 뜻에 복종하여 죄를 멀리하고, 경건한 삶을 살고 있다면 그는 하나님이 영원한 구원에 이르도록 예정하신 자들 중 하나임에 틀림이 없습니다.

그러나 만일 그 반대라면 하나님의 예정을 탓하기 전에 먼저 자신의 죄와 반항을 탓해야 할 것입니다. 만일 온 마음을 다해 하나님께 돌아온다면 하나님이 탕자의 비유에 나오는 아버지처럼 기꺼이 받아주실 것입니다. 그리고 그러한 회개로 인해 그가 하나님의 택함받은 자 중에 하나라는 사실이 천사와 사람들에게 분명히 나타날 것입니다(눅 15:10, 24).

회개하지 않는 사람을 하나님이 구원해 주실 이유가 어디 있습니까?

선을 행할 자유 의지의 부재

"사람에게는 선을 행할 자유 의지가 없다"는 교리를 들을 때 육에 속한 사람은 마치 자신의 타락한 본성을 억제하거나 제압할 힘이 자기 안에 전혀 없는 듯 타락한 의지에 자신을 다 맡겨버립니다. 그럼으로써 하나님을 죄를 만드신 장본인으로, 인간을 이런 필연 속으로 몰아넣으신 분으로 만들어버립니다.

그러나 그는 다음의 두 가지 사실을 알아야만 합니다. 즉 하나님은 아담에게 그가 하려고만 했다면 얼마든지 죄를 범하지 않고 똑바로 설 수 있는 자유 의지를 주셨다는 사실입니다. 아울러 인간이 자신의 자유 의지를 남용하여 스스로는 물론 그 자유 의지마저 상실해버렸다는 사실입니다.

아담과 하와의 범죄 이후 타락 상태에 빠진 인간은 죄를 행할 자유 의지는 갖고 있으나 선을 행할 자유 의지는 잃어버리고 말았습니다. 사도 바울이 말한 것처럼 타락 상태에서는 선한 생각조차 할 수 없기 때문입니다(고후 3:5). 우리가 그토록 한심하게 잃어버린, 게다가 다시 회복하려는 생각조차 하지 않고 있는 것을 다시 회복시켜주실 의무가 하나님께는 전혀 없습니다.

그런데 사람이 거듭나면 모든 선한 일을 할 수 있도록 하나님이 즉시 은혜를 주시어 그의 의지를 선하게 해주십니다. 그래서 사도 바울은 하나님이 "자기의 기쁘신 뜻을 위하여 너희에게 소원을 두고 행하게 하시나니"(빌 2:13)라고 말했습니다. 또한 그는 계속해서 "하나님을 두려워하는 가운데서 거룩함을 온전히 이루어 육과 영의 온갖 더러운 것에서 자신을 깨끗하게 하자"(고후 7:1)고 말했습니다.

모든 참된 그리스도인은 자유 의지를 갖고 있습니다. 은혜 안에서 자라갈 때 그 의지는 선을 행할 자유를 점점 더 많이 갖게 될 것입니다.

> "그러므로 아들이 너희를 자유롭게 하면
> 너희가 참으로 자유로우리라"(요 8:36).

주의 영이 계신 곳에는 자유함이 있습니다(고후 3:17). 성령이 사랑의 줄로 신자들의 마음을 이끄시기 때문입니다(아 1:4). 성령은 그들의 마음을 조명하사 진리를 알게 하시고, 마음을 변화시키

4장 경건의 연습을 방해하는 7가지 장애물

시어 진리를 사랑하게 하시며, 각자 자기가 받은 은혜의 분량에 따라 사랑하는 그 선을 행하게 하십니다.

그러나 우리는 하나님이 자유하게 하신 방식대로 자유 의지를 사용하지 않고 있습니다. 우리의 영혼이 위험할 정도로 많이 하나님의 율법을 고의적으로 어기고 있기 때문입니다. 만일 이 땅에 왕이 있어 사형이나 재산 몰수 등 법으로 금했다면 그렇게 하지 않았을 것입니다. 따라서 "사랑하는 마음이 부족해서 하늘 아버지를 섬길 수 없다"고 핑계 대지 말아야 하듯 "선을 행할 자유 의지가 부족해서 그처럼 죄를 범한다"고 핑계 대지 말아야 합니다.

타락 이후 율법과 계명을 다 지킬 수 없음

"타락 이후 아무도 하나님의 율법과 계명을 다 지킬 수 없다"는 교리를 들을 때 자연인은 다른 사람들처럼 자기도 죄를 짓는 것이 당연하다고 생각합니다. 그는 자신이 선한 생각을 조금이나마 갖고 있다는 것에 만족하고, 자신이 최고 악질만큼 악하지만 않으면 마치 가장 훌륭한 사람인 양, 진실로 중생한 자라고 생각합니다. 그리고 선을 행하려고도, 악에 대항하려고도 하지 않는 자신의 모든 행위를 율법의 불가능성으로 간주합니다.

그러나 그가 알아둘 사실이 하나 있습니다. 그것은 비록 타락 이후 하나님이시자 인간이신 그리스도 외에는 누구도 하나님의 율법을 온전히 지킬 능력이 없지만, 그래도 참된 그리스도인이라면 누구나 다 중생하자마자 하나님의 모든 진리의 계명들을 지키기 시작한다는 사실입니다. 물론 그것을 온전히, 흠없이 다 지킬 수는 없지만 말입니다.

그들은 다윗처럼 항상 하나님의 율례를 영원히 행하려고 마음을 다해 애씁니다(시 119:112). 그리고 그들이 선한 수고와 노력을 할 때 (복음 아래에서 보다 풍성히 부어지기로 약속되어 있는) 은혜의 성령이 그들로 하여금 명령을 지킬 수 있도록 도와주십니다(욜 2:28-29; 슥 12:10). 그때 하나님이 (우리를 위해 율법을 다 이루신) 그리스도 안에서 그들의 선한 뜻과 수고를 받으십니다(고후 8:12).

이 점에 관해 사도 요한은 하나님의 계명들은 무거운 것이 아니라고 말했습니다(요일 5:3). 그리고 사도 바울은 "내게 능력 주시는 자 안에서 내가 모든 것을 할 수 있느니라"(빌 4:13)고 말했습니다.

그런가 하면 성경은 사가랴와 엘리사벳이 주의 모든 계명과 규례대로 흠이 없이 행했다고 말씀하고 있습니다(눅 1:6). 그리스도께서는 제자들에게 하나님의 계명들을 지키라고 명하시면서 그것이 바로 그들이 진실로 그분을 사랑하는 증거라고 말씀하셨습니다(요 15:10).

따라서 만일 사람이 예수 그리스도를 사랑한다면 진심으로 그분의 계명을 지키고자 할 것입니다. 우리가 그리스도를 사랑하면 할수록 그분의 계명을 지키는 것이 점점 덜 괴로워질 것입니다.

구약 아래에서 그처럼 무섭고 끔찍했던 율법의 저주가 신약에 와서는 그리스도의 대속의 죽으심으로 인해 거듭난 신자들에게는 더 이상 해당되지 않게 되었습니다. 전에는 너무 준엄해서 우리의 본성으로는 도저히 지킬 수 없을 것 같았던 계명이 이제는 성령의 도우심으로 아주 쉬워졌습니다.

성경에 보면, 회심하지 않은 유대인과 이방인들에게는 "타락한 본성 때문에 율례를 지키는 것이 불가능하다"고 강조한 사도들이 거듭난 신자들에게는 "의의 규범인 율례를 말과 행실로 참되게 순종하라"고 요구하고 있는 것을 볼 수 있습니다. 지체의 정욕을 죽이고, 육체와 함께 그 정과 욕심을 십자가에 못 박고, 성령으로 살고, 믿음으로 이 세상을 이기면 죽을 몸이 부활할 것이라고 말했습니다(롬 15:18; 골 3:5; 갈 5:24-25; 롬 6:4-5, 12-13, 8:11; 요일 5:4).

따라서 어느 누구도 그리스도처럼 "너희 중에 누가 나를 죄로 책잡겠느냐?"고 말할 수는 없겠지만 거듭난 신자라면 누구나 다 "너희 중에 누가 나를 간음하는 자, 매춘부, 뚜쟁이, 욕쟁이, 주정꾼, 도적, 고리대금업자, 압제자, 오만한 자, 악독한 자, 탐심이 많은 자, 안식일을 더럽히는 자, 거짓말하는 자, 하나님께 예배드리기를 게을리하는 자 등으로 책잡겠느냐?"고 말할 수는 있을 것입니다.

만일 그럴 수 없다면 그는 참된 그리스도인이 아닙니다. 사람이 하나님의 율법의 다스림을 받아야 하는 양심을 저버리면 하나님도 그로 하여금 자기 정욕대로 하게 내버려두십니다. 이것은 하나님께 버림받은 가장 확실한 표시입니다(롬 1:24, 28).

이처럼 타락 이후 지금까지 아무도 자신의 능력으로는 성취할 수 없었던 하나님의 율법을 거듭난 모든 신자가 성령의 은혜로운 도우심을 힘입어 성취할 수 있게 되었습니다(롬 8:9 이하). 하나님은 성령을 달라고 구하는 모든 신자, 진심으로 하나님의 율례를 지키려고 애쓰는 모든 그리스도인에게 성령을 주십니다(눅 11:13; 약 1:5).

행위보다 마음을 중시함

"하나님은 사람이 겉으로 내보이는 행위보다 그의 마음속을 더 중시하신다"는 말을 들을 때 거듭나지 않은 사람은 '외적으로 표현하는 모든 경외의 표시와 신앙 고백은 미신 행위 내지는 쓸데없는 짓에 불과해'라고 생각합니다. 그래서 교회에 가서도 무릎을 꿇는 일이 거의 없습니다. 예배 시간에도 모자를 벗지 않습니다. 하지만 이 땅의 왕 앞에서는 감히 그렇게 불손하게 굴지 못할 것입니다.

또한 그들은 마음은 하나님께 드리지만 다른 것들은 세상 방식대로 살 수 있다고 생각합니다. 자기 생각도 반은 하나님께 드리고, 반은 자신의 정욕에 맡겨버립니다. 어디 그뿐입니까? 안식일도 하나님과 반반씩 나눠 갖습니다. 즉 반은 하나님께 드리고, 나머지 반은 자신의 쾌락을 추구하는 데 사용합니다.

전능하신 하나님은 우리 전인(全人)을 창조하시고 구속하셨지, 반만 구속하신 것이 아닙니다. 그러므로 반씩 나누어 하나님을 섬길 수 없습니다. 하나님은 진실된 마음이 없이 겉으로만 섬기는 봉사를 외식이라 하여 혐오하시듯 겉으로 아무 경외의 표시도 나타내지 않은 채 그저 마음속으로만 봉사하는 것을 신성 모독으로 간주하십니다.

그러니 기도할 때는 겸손의 표시로 무릎을 꿇고, 하나님을 향한 믿음의 표시로 두 손을 위로 향하게 하고, 통회 자복하는 표시로 머리를 푹 숙이고 가슴을 쳐야 할 것입니다. 그러나 특히 진실된 마음으로 하나님을 구해야 합니다. 우리는 온 마음을 다해 오직 하나님만 거룩하게 섬겨야 합니다. 왜냐하면 하나님과 이 세상의 권세 잡은 자인 사탄은 서로 적대하는 두 주인으로, 아무도 둘을 함께 섬길 수 없기 때문입니다.

복음 설교를 경시함

거듭나지 못한 그리스도인은 복음 설교를 듣는 것을 대수롭지 않게 생각합니다. 즉 자기 마음대로 설교를 들을 수도 있고, 듣지 않을 수도 있다고 생각합니다. 그러나 우리가 그리스도의 택함받은 양 떼 중 하나라면 하나님의 말씀이 선포될 때 그 말씀을 신중하게 귀담아들어야만 합니다. 그 이유는 다음과 같습니다.

첫째, 복음 설교는 하나님이 구원하기로 예정하신 모든 영혼을 회심시키는 하나님의 주요 수단입니다(행 13:48). 그래서 성경은 복음을 가리켜 "모든 믿는 자에게 구원을 주시는 하나님의 능력"(롬 1:16)이라 부릅니다. 하나님이 구원의 수단으로 정하신 이 복음이 없는 곳에 사는 백성들은 결국 방자히 행하다 멸망하고 말 것입니다(잠 29:18). 또 누구든지 복음을 거절하는 자는 "심판 날에 소돔과 고모라 땅이 그 성보다 견디기 쉬우리라"(마 10:15)는 말씀의 의미를 깨닫게 될 것입니다.

둘째, 복음 설교는 그리스도의 모든 정병과 택함받은 백성이 그 아래에 모이는 그리스도의 깃발(사 11:10)입니다. 이 기가 게양되었음에도 불구하고 그 아래로 가지 않는다면 그는 그리스도의 백성이 아니요(사 2:2), 그 영혼에 그리스도의 은혜의 단비가 한 방울도 떨어지지 않을 것입니다(슥 14:17).

셋째, 복음 설교는 성령이 우리 심령 안에 믿음을 만들어내시는 수단입니다(롬 10:14). 믿음이 없이는 하나님을 기쁘시게 해드릴 수 없습니다(히 11:6). 만일 그리스도의 음성을 듣는 것이 그리스도의 택함받은 양이자 신랑의 친구라는 주된 표시라고 한다면(요 10:27, 3:29) 복음 설교를 듣는 것을 등한시하거나 경멸하는 것은 분명 버림받은 염소라는 표시로, 두려워해야 할 일입니다(히 2장; 요 8:47).

누구도 복음 설교를 듣는 것을 어리석은 일로 생각해서는 안 됩니다. "하나님께서 전도의 미련한 것으로 믿는 자들을 구원하시기를"(고전 1:21) 기뻐하시기 때문입니다.

따라서 복음 설교를 듣는 것을 대수롭지 않게 생각하면서 편히 사는 사람이 있다면 그는 사실 두려운 상태에 처한 것입니다. 어떻게 하나님의 긍휼을 구함과 동시에 그 긍휼을 주는 수단을 경멸할 수 있겠습니까? 그리스도께서는 복음 설교자들에게 이렇게 말씀하셨습니다.

"너희를 저버리는 자는 곧 나를 저버리는 것이요"(눅 10:16).
"하나님께 속한 자는 하나님의 말씀을 들나니
너희가 듣지 아니함은
하나님께 속하지 아니하였음이로다"(요 8:47).

만일 이스라엘 백성이 비느하스의 메시지를 듣지 못했다면 그들은 절대 대성통곡하지 않았을 것입니다(삿 2:1-5). 세례 요한이 설교하지 않았다면 유대인들은 결코 울지 않았을 것입니다(눅 7:32-33). 그리스도를 십자가에 못 박은 자들이 베드로의 설교를 듣지 않았다면 그들은 마음이 찔리지 않았을 것입니다(행 2:37). 니느웨 사람들이 요나의 설교를 듣지 않았다면 그들은 절대 회개하지 않았을 것입니다(욘 3:5). 마찬가지로 만일 복음 설교를 듣고 회개하지 않는다면 우리는 절대 구원받지 못할 것입니다(잠 28:9; 눅 13:5).

성례전의 진정한 의미 상실

세례 및 성만찬과 같은 성례전이 우리를 향한 하나님의 약속과 은혜를 인 치는 단순한 표시라는 견해는 경건의 연습을 방해하는 주요 장애물입니다.

성례전은 하나님의 약속의 은혜를 인 치는 것인 동시에 하나님께 대한 우리의 순종과 봉사를 인 치는 것이기도 합니다. 따라서 만일 우리가 하나님께 순종하고 봉사하지 않으면 성례전은 우리에게 어떤 은혜도 인 치지 않을 것입니다. 그러나 만일 우리가 참 회개하는 심령으로 하나님의 신실한 종이 되겠다는 결심 아래 성례전을 받는다면 그것이 외적으로 약속하고 상징하는 영적인 은혜가 진정 우리의 심령 가운데 인 쳐질 것입니다.

이런 목적 때문에 성경은 세례를 가리켜 "중생의 씻음과 성령의 새롭게 하심"(딛 3:5)이라고 칭하고, 성만찬을 가리켜 그리스도의 몸과 피에 참여하는 것이라고 말씀합니다(고전 10:16). 만일 이 진리를 믿는다면 주님의 거룩한 성만찬을 좀 더 자주, 그리고 보다 큰 경외심을 가지고 받을 것입니다.

악덕 숭배

미덕이라는 이름으로 악덕들을 숭배하는 것은 경건을 넘어지게 하는 만만찮은 장애물입니다. 예를 들어 술에 취해 흥청망청 노는 것을 가리켜 건강을 축배하는 것이라 부르고, 무죄한 피를 흘리는 것을 용맹이라 부르고, 폭음과 폭식을 손님 접대라 칭하고, 탐욕을 근검 절약이라 칭하고, 간통을 애인 사랑으로, 성직 매매를 선물로, 교만을 기품 있는 행동으로, 진의를 숨기고 아첨하는 것을 찬사로 칭하며, 벨리알의 자녀들을 가리켜 착한 사람이라 부르고, 진노를 조급함이라 부르고, 천한 농담을 가리켜 유쾌하고 즐거운 것이라 부르는 것 등입니다.

아울러 근엄한 언행을 가리켜 위선이라 부르고, 자선 행위를 허식이라 부르고, 경건을 미신이라 칭하고, 믿음의 열심을 청교도주의 내지는 극단적 엄격주의라 칭하고, 겸손을 비굴이라 칭하고, 양심의 가책을 지나친 엄밀함이라 칭하는 것도 그렇습니다.

이처럼 악을 선이라 부르고, 선을 악이라 부르면 참 경건이 많은 방해를 받아 발전하지 못합니다.

장애물 #2 : 악한 본보기

사람들은 하나님의 거룩한 말씀이 가르치는 교훈보다 하나님을 욕되게 하는 유명 인사들의 생활을 더 선호합니다. 자기 나라에서 최고 지도급에 속하는 인사들이 복음 설교를 듣지 않고, 주일을 지키지 않고, 성만찬에 참여하지 않는 것은 물론 독설가이고, 간음하는 자이고, 술이나 마시며 흥청거리는 자이고, 압제자일 경우 사람들은 그들을 보며 하나님이 주신 거룩한 성례전을 지키는 것이 대수롭지 않은 일이라고 생각합니다. '만일 성례전이 그렇게 대단한 것이라면 그 위대하고 현명한 사람들이 그토록 대수롭지 않게 여기겠어?'라는 의문을 제기하며 결국 기독교 신앙마저 대수롭지 않게 여기게 됩니다.

그들은 결국 그리스도인들처럼 불경건한 시대 조류를 거슬러 천국을 향해 노를 저어야 할 때 다른 수많은 영혼과 함께 지옥을 향해 떠내려갑니다. 그러면서 '하나님이 이 많은 사람들을 지옥에 떨어지게 하실 리가 없어' 하고 생각합니다.

만일 이 세상의 신이 그들의 영안을 멀게 하지 않았더라면 아마도 그들은 "형제들아 너희를 부르심을 보라 육체를 따라 지혜로운 자가 많지 아니하며 능한 자가 많지 아니하며 문벌 좋은 자가 많지 아니하도다"(고전 1:26)라는 성경 말씀을 이해했을 것입니다. 또 가난한 자들이 복음을 영접하기 쉽고, 부자는 구원받기가 아주 어렵다는 것(마 11:5, 19:23-24), 청함을 받은 자는 많되 택함을 입은 자는 아주 적다는 것, 수많은 사람이 지옥 형벌로부터 구원받지 못했다는 것(마 22:14)을 배웠을 것입니다.

하나님은 어떤 사람을 남들보다 높은 자리에 두실 때 그가 경건함에 있어서도 앞설 것을 기대하십니다. 청지기로서 다른 사람들을 섬겨야 할 때 오히려 그 지위를 남용하여 그들에게 장애물이 된다면 마지막 날 하나님 앞에 가서 계산할 때 더 큰 저주를 받을 것입니다. 그때에는 몹시 가난하고 비천한 노예들뿐 아니라 위인이나 강한 자들조차 산들과 바위가 자기들 위로 떨어져 보좌에 앉으신 이의 얼굴과 그분의 공의로운 진노로부터 자신들을 숨겨주기를 바랄 것입니다(계 6:15-16). 영원한 고통 가운데 빠져 고통받을 때 유명 인사들도 그곳에 와 있는 것을 발견하게 된다면 그 심정이 얼마나 비참하겠습니까!

소돔에서와 같이 죄인들의 수가 많은 것은 죄를 경감시키는 대신 오히려 증대시킵니다. 온 세상과 함께 홍수에 떠내려가는 것보다는 소수의 무리와 함께 방주 안에서 구원받는 것이 더 낫습니다.

따라서 경건한 소수의 무리와 함께 천국으로 인도하는 좁은 길을 걸으십시오. 경건하지 않은 다수에 휩쓸려 지옥으로 인도하는 넓은 길을 걷지 않도록 조심하십시오(출 23:2). 경건하지 않은 유명 인사들의 본보기를 보고 자신의 회개를 늦추는 일이 없도록 하십시오. 이 땅에서 유명 인사였다고 해서 저 세상에서 비통한 형벌을 면제받는 것은 아닙니다.

장애물 #3 : 세상에서 받을 형벌의 유보

> "악한 일에 관한 징벌이 속히 실행되지 아니하므로
> 인생들이 악을 행하는 데에 마음이 담대하도다"(전 8:11).
> "하나님의 인자하심이 너를 인도하여
> 회개하게 하심을 알지 못하여"(롬 2:4).

인생들은 하나님의 오래 참으심을 악용하여 더욱더 죄를 범합니다. 하지만 마침내 그 죄가 무르익으면 하나님이 즉시 공의를 행하사 죄인으로 하여금 종말을 고하게 하십니다(삼상 3:12; 겔 39:8). 이때 하나님은 그 형벌을 아주 중하게 내리심으로써 그동안 늦추신 심판에 대해 변상하게 하실 것입니다. 평생 동안 형벌을 피할 수 있는 은혜를 허락받았을지라도 죽는 그날이 되면 그동안 지은 죗값을 마지막 하나까지 다 갚아야 할 것입니다.

사실 '심판을 받지 않으리라'는 그들의 생각 자체가 이미 하나님의 가장 중한 심판, 즉 회개할 수 없는 심령을 받은 것이라고 볼 수 있습니다(롬 2:5). 신장이나 방광에 돌이 들어 있으면 통증이 아주 심하고, 그로 인해 죽는 이들도 종종 있습니다. 그런데 나발처럼 심령에 돌이 들어 있으면(삼상 25:17) 어떻게 되겠습니까? 겉으로는 아무 증상도 나타나지 않지만, 사실 그로 인해 죽는 영혼들이 부지기수입니다. 즉 그리스도께서 당하신 시련과 그분의 십자가를 부인하며 지옥의 사형 집행인이 던지는 돌에 맞아 영원한 사망에 이르고 맙니다.

이 땅의 많은 유명 인사들은 그들의 독설과 간음, 술 취함과 압제, 안식일을 더럽히는 것, 하나님을 예배하고 섬기는 일을 등한히 하는 것 등에 대해 현세에서는 심판을 받지 않습니다. 따라서 그들은 하나님의 섭리와 공의를 의심하기 시작합니다. 마치 블레셋 사람들이 삼손의 두 눈을 빼냈듯 그들은 섭리와 공의라는 두 눈을 하나님께로부터 빼냅니다.

따라서 성난 삼손이 블레셋 사람들을 대적하여 여호와께 부르짖은 것처럼(삿 16:28) 성난 여호와께서 그들을 대적하시어 다음과 같이 부르짖으시는 일이 없도록 지극히 조심해야 할 것입니다.

"그들이 나의 율례를 무시하고 자기 마음대로 삶으로써 나의 섭리와 공의라는 두 눈을 빼냈다. 그러니 이 세상을 버티고 있는 기둥이 있는 곳으로 나를 데려가다오(삿 16:26). 내가 그 기둥을 뽑아 그들 머리 위로 이 세상이 다 무너져내리게 하여 내 두 눈을 뺀 것에 대해 단번에 보복하리라."

그러므로 하나님이 오래 참으신다고 해서 회개를 늦추는 일은 없도록 하십시오. 오히려 그럴수록 우리는 더욱더 회개해야 합니다.

장애물 #4 : 하나님이 긍휼을 베푸시리라는 그릇된 가정

사람들은 자신들이 죄를 저질렀다는 사실을 깨달으면 즉시 방패 뒤에 숨습니다. 즉 "그리스도는 자비로우시다"라는 방패 뒤에 숨어 그리스도를 자기 죄의 후원자로 만들어버립니다. 마치 그리스도께서 마귀의 일을 멸하려 이 세상에 오신 것(요일 3:8)이 아니라 우리의 죄를 지지, 강화하기 위해 오시기라도 한 것처럼 말입니다. 그 결과 육에 속한 자는 '비록 내가 한동안 계속해서 죄를 저지른다 할지라도 하나님이 이 세상에서의 나의 날을 짧게 하시지는 않을 거야' 하고 가정합니다.

그렇지만 이는 결국 무신론자가 된다는 뜻이 아닙니까? 이것은 곧 하나님이 그가 짓는 죄를 보지 않으신다고 생각하거나, 설사 보시더라도 자기에게 긍휼을 베푸실 것이라는 생각으로, 결국 하나님은 공의롭지 않으시다고 생각하는 것과 마찬가지입니다.

만일 하나님이 정말 공의로우신 분이심을 믿는다면, 어떻게 다른 사람들의 죄에 대해서는 그처럼 준엄하게 벌하시는 분이 여전히 죄를 사랑하여 계속 죄를 짓고 있는 자신은 가만히 내버려두실 수 있다고 생각합니까?

물론 그리스도께서는 자비로우시고 긍휼이 많으십니다. 그러나 오직 회개하고 야곱의 불의에서 돌아선 자에게만 자비로우십니다(사 59:20). 만일 누구든지 스스로에게 "내가 내 마음이 완악하여 젖은 것과 마른 것이 멸망할지라도 내게는 평안이 있으리라"(신 29:19)고 말하는 사람이 있다면 그에게는 주께서 자비를 베풀지 않으실 것입니다.

하나님은 저주받은 자들이라 공표하시는데 그들은 스스로를

4장 경건의 연습을 방해하는 7가지 장애물

위로하는 딱한 사람들입니다. 회개할 마음이라고는 손톱만큼도 없는 사람들입니다. 그들이 어떻게 그리스도의 긍휼을 입을 수 있겠습니까?

> "악인은 그의 길을, 불의한 자는 그의 생각을 버리고
> 여호와께로 돌아오라 그리하면 그가 긍휼히 여기시리라
> 우리 하나님께로 돌아오라
> 그가 너그럽게 용서하시리라"(사 55:7).

절망하는 것은 주제넘게 멋대로 생각하는 것만큼 위험하지는 않습니다. 성경에서 하나님의 긍휼을 믿지 않고 절망한 자들 가운데 지옥에 던져진 사람은 서너 명 정도밖에 되지 않지만, 하나님의 자비를 믿으며 안심하고 있다가 소리 없이 지옥으로 떨어진 자들은 부지기수입니다. 따라서 이스라엘 여인들이 "사울이 죽인 자는 천천이요 다윗은 만만이로다"(삼상 18:7)라고 외쳤듯이 나는 이렇게 외치고 싶습니다.

"하나님의 긍휼을 믿지 않고 절망한 자들 가운데 지옥으로 떨어진 자는 천천이요, 하나님의 긍휼만 믿고 회개하지 않은 자들 가운데 지옥으로 떨어진 자는 만만이로다."

그들은 지금 지옥에서 고통을 덜어줄 어떤 도움의 손길도 없

이, 또 구원받으리라는 어떤 소망도 없이 영원한 고통을 받고 있습니다.

하나님은 십자가에 달린 한 강도는 구원해 주셨지만, 나머지 한 강도는 구원하지 않으셨습니다(눅 23:43). 즉 아무도 절망하지 않게 하시려고 한 강도를 구원해 주시되, 아무도 주제넘은 생각을 하지 않게 하시려고 오직 한 강도만 구원하셨습니다.

이처럼 회개하는 죄인에게는 즐겁고 기쁜 구원의 확신이 주어지지만, 회개하지 않는 죄인에게는 어떤 위로도 주어지지 않습니다. 하나님은 긍휼이 무한하시지만 오직 자신의 죄로부터 돌아서서 거룩함을 좇아 그분을 섬기는 자들에게만 무한한 긍휼을 베푸십니다.

> "이것[거룩함]이 없이는 아무도 주를 보지 못하리라"(히 12:14).

따라서 주제넘은 생각을 하지 않도록, 그리스도께서 구세주이신 반면 모세는 고소자(요 5:45)라는 사실을 기억하고 복음이 전혀 없는 것처럼 살고 율법이 전혀 없는 것처럼 죽으십시오. 즉 이생에서는 모세의 율법 아래에 있는 것처럼 살고, 세상을 떠날 때는 십자가에 못 박히신 그리스도 외에는 아무도 모르는 것처럼 하직하십시오. 자기 자신은 멸망받지 않을 것이라고 생각하지 말고 구원받으려거든 속히 회개하십시오.

장애물 #5 : 악한 친구들

보통은 좋은 친구들이라고 불리지만, 사실 이들은 사악한 죄인을 회개와 경건에 이르지 못하게 방해하려고 마귀가 사용하는 주요한 도구입니다.

죄인에 대한 하나님의 사랑의 첫 번째 표시는 악한 친구들을 저버릴 수 있는 은혜를 주시는 것입니다. 악한 자들이란 곧 고의적으로 계속 죄 가운데 거하는 자, 그들을 부르시는 하나님의 수단을 경멸하는 자, 다른 사람들의 진지한 신앙고백을 조롱하는 자, 더러운 행실로 기독교 신앙을 욕되게 하는 자들을 말합니다. 그들은 오만한 자의 자리에 앉아 있는 자들입니다(시 1:1).

하나님은 죄인을 그분의 백성 중 하나로 여기시는 즉시 바벨론에서 나오라고 명하십니다(계 18:4). 더럽고 불결한 친구들은 모두 바벨론입니다. 따라서 하나님의 모든 자녀는 그런 친구들과의 사귐을 멀리해야 합니다. 만일 아직도 계속해서 만나고 있다면 하나님이 "내 자녀여, 바벨론으로부터 나오라"고 부르고 계신다는 사실을 기억하십시오.

베드로는 그리스도께서 그를 힐끗 쳐다보시자마자 대제사장 집에 있는 사람들로부터 나와 심히 통곡했습니다(눅 22:62). 다윗은 새로운 삶을 살겠다고 서원하면서 "악을 행하는 너희는 다 나를 떠나라"(시 6:8)고 말했습니다. 마치 이전에 사귀었던 악한 친구들을 다 떨쳐버리기 전에는 새 사람이 되는 일이 불가능하다는 듯 들립니다.

어떤 사람이 정말 그리스도를 믿는지, 안 믿는지를 알고 싶다면 그가 사귀는 친구들을 보면 됩니다. 그러면 확실히 알게 될 것입니다. 하나님을 모독하며 더럽게 사는 친구들은 경건의 주된 적이자 거룩한 행실을 방해하는 요인입니다. 그들과 함께 어울려 술에 취해 놀거나 농담을 즐기는 것은 사실 우리 마음속에 들어가시어 가장 좋은 자리를 차지하셔야 할 그리스도를 구유로 밀어내는 것입니다(눅 2:7).

이 세상 죄인들과 짝하느라 천국의 성도 및 천사들과의 사귐이 방해받지 않도록 조심하십시오.

장애물 #6 : 경건의 연습은 고달프다는 거짓 두려움

경건의 연습이 고달프다는 것은 사실 정반대입니다. 신실하고 경건한 그리스도인보다 더 즐거운 사람은 없고, 그보다 더 기뻐할 이유를 가진 사람도 없습니다. 믿음으로 의롭게 되는 순간, 즉시 하나님과 화평을 누리기 때문입니다(롬 5:2). 이 세상에 그보다 더 큰 기쁨이 어디 있겠습니까? 게다가 하나님의 선하신 때에 그분의 영광의 나라에 갈 것을 보증해 주는 확신으로 그 심령 가운데 이미 은혜의 나라가 임했으니 얼마나 기쁘겠습니까!

이 은혜의 나라는 다음 세 가지로 이루어집니다.

첫째, 의로 이루어집니다(롬 14:17). 하나님 앞에서 그리스도의 의를 가짐으로써 의롭게 사는 수고를 하기 때문입니다.

둘째, 평강으로 이루어집니다. 의로운 대화에는 반드시 양심의 평강이 따르기 때문입니다.

셋째, 성령의 기쁨으로 이루어집니다. 성령의 기쁨은 선한 양심의 평강 가운데서만 누릴 수 있는 것으로, 우리의 모든 이해를 초월하는 큰 기쁨입니다(빌 4:7). 말로는 도저히 표현할 수 없는 기쁨, 그 기쁨을 누리는 자 외에 다른 심령은 도저히 이해할 수 없는 기쁨, 그리스도께서 근심 가운데 있는 제자들에게 약속하신 충만한 기쁨입니다(요 16:22). 다윗은 회개했을 때 하나님께 이 기쁨을 허락해 달라고 간구했습니다.

> "주의 구원의 즐거움을
> 내게 회복시켜주시고"(시 51:12).

성경에 보면 죄인이 회개하는 것을 보고 천국의 천사들이 몹시 기뻐한다고 기록되어 있습니다(눅 15:7, 10). 그렇다면 회개한 죄인의 심령은 얼마나 더 기쁘겠습니까!

인간의 마음을 시시때때로 괴롭히는 이 세상 근심은 사망을 이루는 근심이지만, 경건한 사람의 경건한 근심은 하나님의 뜻대로 하는 근심으로, "후회할 것이 없는 구원에 이르게 하는 회개를 이루는 것"(고후 7:10)입니다. 즉 구원을 더욱 촉진시키는 근심입니다. 그는 모든 시련 가운데서 "그리스도의 고난이 우리에게 넘친 것 같이 우리가 받는 위로도 그리스도로 말미암아 넘치는도다"(고후 1:5)라는 말씀처럼 그리스도로 인해 넘치게 위로하실 성령을 보혜사로 갖게 될 것입니다(요 14:16-17).

그러나 사람이 불법 가운데 살아가는 동안에는 평강이 없다(사 57:21)고 이사야는 말했습니다. 또 솔로몬은 웃음을 가리켜 미친 것이라고 말했으며(전 2:2), 하박국은 그의 부요함이 흙에 지나지 않는다고 말했습니다. 사도 바울은 경건한 사람의 보물에 비교할 때 그 모든 것은 배설물에 지나지 않는다고 말했습니다(빌 3:8; 눅 6:25). 그리스도께서는 악한 자의 모든 기쁨이 비탄으로 그 종말을 고할 것이라고 말씀하셨습니다.

따라서 "경건의 연습은 고달프다"는 거짓된 두려움으로 인해 경건의 연습을 하지 않는 일이 없도록 조심하십시오. 나사로와 함께 병들어 아픈 가운데 천국에 가는 것이 부자와 함께 이 세상 부요와 쾌락을 실컷 누리며 웃다가 지옥에 가는 것보다 훨씬 낫습니다. 마귀들과 함께 영원한 고통을 당하기보다는 이 땅에서 사람들과 더불어 한동안 애통하는 것이 훨씬 낫습니다.

장애물 #7 : 회개를 늦추는 것

만일 악한 자가 '올해가 나의 마지막 해가 될 거야. 이달은 나의 마지막 달이 되겠지? 이 주는 나의 마지막 주가 될 거야'라고 생각한다면 자신의 악한 생활을 청산하고 변화된 삶을 살지 않겠습니까? 그렇다면 그는 무슨 수를 써서든지 회개하고 새 사람이 될 것입니다.

그러나 복음서에 나오는 부자가 바로 그날 밤에 죽을 것을 모르고 자기 영혼에게 "여러 해 쓸 물건을 많이 쌓아 두었으니 평안히 쉬고 먹고 마시고 즐거워하자"(눅 12:19)고 했던 것처럼 많은 사람들이 자기의 생명줄이 거의 다한 줄도 모르고 "여러 해 동안 평안히 쉬며 즐거워하자"고 자신에게 말합니다.

예레미야도 유대인들이 죄를 짓고, 그로 인해 재난을 당한 원인으로 바로 이 점을 들고 있습니다. 즉 자기들의 결국이 어떻게 될지를 생각하지 않았기 때문이라는 것입니다(애 1:9).

사람이 모태에서 태어나 무덤에 이르기까지는 아무리 오래 살아봤자 사실 순간에 지나지 않습니다. 그래서 성경은 이렇게 말씀합니다.

> "여인에게서 태어난 사람은
> 생애가 짧고 걱정이 가득하며"(욥 14:1).

그나마 그 적은 날들조차 괴로움으로 가득 차 있습니다. 따라서 경건의 연습을 제외하고 말한다면, 어제 세례를 받고 오늘 죽어 무덤에 묻힌 어린아이의 상태가 969년을 살다 죽은 므두셀라보다 훨씬 더 낫다고 할 수 있습니다. 아기의 산 날 수가 적으므로 죄를 덜 지었고, 그만큼 슬픔도 적게 겪었기 때문입니다. 사람들의 희미한 기억 속에 남아 있는 것 외에 사실 그들에 대해 남은 것이 무엇입니까?

사람의 전 인생은 따지고 보면 한 발 한 발 사망으로 다가가는 것 외에는 아무것도 아닙니다. 사도 바울의 말처럼 사람은 매일 죽기 위해 삽니다.

그렇다면 왜 우리는 오래 살 것을 믿고 회개하지 않을까요? 우리의 인생은 사실 코를 통해 숨 쉬는 호흡에 지나지 않습니다. 그러니 그 인생을 의지하지 마십시오(사 2:22). 우리의 영혼은 흙으로 빚어진 장막, 머잖아 무너져내릴 장막에 거하고 있습니다. 이 땅에 살다가 저 세상으로 간 많은 사람들처럼 우리 역시 시력이 약해지고, 귀가 어두워지고, 이마에 주름이 지고, 이가 흔들리고, 기력이 약해지고, 손이 떨리고, 뼈가 삐걱거리고, 수면 시간이 줄어들고, 머리가 희끗희끗해집니다. 그렇게 되거든 가서 영원히 살 집을 위해 준비하십시오.

그 사이에 부모의 시체가 들어 있는 관으로 가서 뚜껑을 열고 욥처럼 "무덤에게 너는 내 아버지라, 구더기에게 너는 내 어머니, 내 자매라"(욥 17:14) 하십시오. 그들이 어떻게 되었는지 보십시오. 우리도 머잖아 그렇게 될 것입니다. 참으로 어리석은 우리는 남은 기간이 얼마나 짧은지 알지 못합니다. 우리의 모래시

계는 쉬지 않고 떨어지고 있으며, 그 사이에 사망이 우리를 기다리고 있습니다.

하나님을 섬기는 일을 제외하고 나면 인간의 전 생애는 어릿광대짓에 지나지 않는다고 할 수 있습니다. 인간은 마흔이 되어야 겨우 자신의 어리석음을 깨닫기 시작하고, 그때쯤이면 이미 인생이 다 끝나고 맙니다.

농부들은 귀담아듣기 바랍니다. 더 많은 곡식들을 추수하기 전에 나이가 들고 사망의 낫이 찾아와 당신을 베어버릴 것입니다. 상인들은 귀담아듣기 바랍니다. 더 많은 상거래를 맺기 전에 마지막 달이 찾아올 것입니다. 그러면 당신은 흔적도 없이 사라질 것이고 더 이상 장사도 할 수 없게 될 것입니다. 엄숙한 재판관은 귀담아듣기 바랍니다. 다른 사람을 판결하고 있는 사이에 당신의 마지막 때가 찾아올 것입니다. 그때는 다른 사람이 아닌, 당신 자신이 심판받을 것입니다.

강대상으로 가는 하나님의 사람은 귀담아듣기 바랍니다. 설교할 때마다 그 설교가 교인들에게 하는 마지막 설교인 양 설교하십시오. 부자들은 귀담아듣기 바랍니다. 당신이 누리고 있는 영예를 자랑스럽게 생각하는 자만심을 버리십시오. 머잖아 사망이 찾아와 그 영예를 먼지 속에 던져버리고, 당신이 지금 밟고 있는 흙처럼 당신을 천하게 만들어버릴 것입니다.

지금 이 순간 이 책을 읽고 있는 독자들은 귀담아듣기 바랍니다. 머잖아 두 눈이 박혀 있는 그 자리에 두 구멍밖에 남지 않을 것이라는 사실을 명심하십시오. 또 지금은 당신이 이 책에 담긴 교훈들을 읽고 있지만 머잖아 해골로 변한 당신 위에서 다른 사람들이 이 교훈을 읽게 될 것입니다.

사망이 얼마나 일찍 찾아올지는 알 수 없지만 한 가지 사실만은 분명합니다. 즉 우리의 때는 정해져 있다는 것입니다. 그 달 수가 정해졌고, 그 날 수가 이미 계산되어 있다는 것, 우리의 마지막 시간이 제한되어 있다는 것(욥 14:5, 14; 시 90:12; 단 5:26, 11:8), 그리고 마지막 시간을 넘기면 이 땅에서 더 이상 살 수 없다는 것이 바로 그것입니다.

그때가 되면 청황색 말을 탄 사망(계 6:8)이 당신을 찾아와 죄인처럼 당신의 수족을 묶고는 끌고 갈 것입니다. 그다음 당신이 "선악간에 그 몸으로 행한 것을 따라 받으려"(고후 5:10) 심판대 앞에 나가 설 때까지 당신의 몸을 흙덩이 아래에 묻어둘 것입니다.

그러므로 확실히 장담할 수 없는 장수를 꿈꾸며 현재 경건의 연습을 하지 않는 자가 되지 않도록 조심하십시오! 하나님이 오늘은 은혜를 주셨지만 내일은 기약할 수 없습니다(시 95:7; 히 3:7, 13). 지옥에 가 보십시오. 늙으면 회개하겠다고 다짐했던 청년들이 수두룩합니다. 언제쯤 회개하겠다고 스스로 정한 때가 되기 전에 사망이 찾아와 그들을 이 땅에서 끊어버렸습니다.

사람의 몸에 든 질병이 오래가면 갈수록 치유되기 어렵듯이, 죄의 습관도 만성이 되면 끊기 어렵습니다. 현재 우리의 마음을 강퍅하게 하여 회개치 못하게 하는 장애물들은 나이가 들수록 우리를 더욱더 방해할 것입니다.

지혜로운 사람이라면 고달픈 장거리 여행을 떠날 때 가장 약한 말에 가장 무거운 짐을 싣지 않을 것입니다. 가장 힘 좋고 튼튼한 때인 지금조차 그 짐을 거뜬히 들어 올리지 못하고 허덕거리는데, 인생에 지쳐 힘없고 약한 노년에 어떻게 그 무거운 회개의 짐을 질 수 있겠습니까?

잔잔한 파도에 순풍이 불고, 배에 아무 이상이 없을 뿐 아니라, 선원들도 튼튼하고, 항해사도 거뜬히 조종을 잘하고 있을 때는 실컷 자고 놀다가 사나운 비바람이 불어 거센 파도가 일고, 역풍이 불 뿐 아니라, 배도 너덜너덜, 선원들도 비실비실, 항해사도 조종을 제대로 못하고 있을 때 멀고 위험한 항해를 떠난다고 생각해 보십시오. 그것을 과연 지혜로운 결정이라고 할 수 있

4장 경건의 연습을 방해하는 7가지 장애물

겠습니까?

죄악된 영혼이여, 지금 젊고 힘 있고 건강하여 아직 팔팔할 때 하나님께 돌아서십시오. "곤고한 날이 이르기 전에, 나는 아무 낙이 없다고 할 해들이 가깝기 전에"(전 12:1) 하나님께 돌아서십시오.

하나님은 항상 처음 태어난 자, 첫 열매로 그분을 섬기라고 요구하십니다. 게다가 그분께 바칠 때는 더디게 드리면 안 됩니다(출 13:2, 22:29). 그러므로 아벨이 하나님께 양의 첫 새끼와 그 기름을 제물로 바친 것처럼(창 4:4) 아직 젊은 당신을 하나님께 제물로 바치십시오. 하나님은 가장 첫 번째로, 가장 훌륭하게 섬김을 받으셔야 할 최고의 하나님이십니다. 하나님의 모든 종은 청년의 때에 그들의 창조주를 섬길 것을 기억해야 합니다(전 12:12). 그리고 아브라함이 청년 이삭을 하나님께 바칠 때 이른 아침에 바친 것처럼, 인생의 이른 아침이라 할 수 있는 청년의 때에 자신을 하나님께 바쳐야 합니다(창 22:3).

요셉은 "너희 아우가 너희와 함께 오지 아니하면 너희가 내 얼굴을 보지 못하리라"(창 43:3)고 형제들에게 말했습니다. 그런데 만일 우리가 청년의 때를 마귀에게 다 주고 먼 눈과 저는 다리와 쇠약한 노년 외에는 드릴 것이 없다면 무슨 낯으로 예수님의 얼굴을 뵐 수 있겠습니까?

말라기는 눈먼 것, 저는 것, 병든 것을 "너희 총독에게 드려 보라"(말 1:8)고 외쳤습니다. 이 세상 총독조차 용납하지 않는 것을 왕 중 왕이신 주께서 용납하시겠습니까? 이 땅의 바벨론 왕조차 흠이 없고 아름다우며 모든 재주에 통달한 소년들로 하여금 자신을 시중들게 했는데(단 1:4) 온 하늘과 온 땅의 왕 되신 하나님께는 다윗이 미워했던 다리 저는 사람과 맹인(삼하 5:8) 외에는 그분을 모실 자가 아무도 없다는 말입니까?

한창 때에는 사탄을 섬기다가 노망이 들어서 하나님을 만족시켜드릴 생각입니까? 하나님이 우리를 옛 주인에게 다시 돌려보내시지 않도록 조심하십시오. 그리고 이생에서 주를 위해 행한 모든 일에 대한 품삯을 마지막 날 하나님이 다 갚아주시리라는 사실을 유념하십시오.

한창 때 원기 왕성한 몸을 가지고도 할 수 없었던 회개를 나이 들어 지친 몸으로 침대에 누워 함으로써 죄악된 영혼을 하나님께 돌이킬 수 있을 것 같습니까? 그 일이 지금 어렵다면 그때에는 훨씬 더 어려울 것입니다. 그때가 되면 죄의 습관은 점점 더 강성해지는 반면 우리의 힘은 점점 더 쇠약해지고, 양심은 점점 더 둔해지고, 마음은 고통으로 산란해지고, 사망의 두려움이 엄

4장 경건의 연습을 방해하는 7가지 장애물

습하여 친구들의 방문조차 귀찮아질 것이기 때문입니다.

믿음과 인내와 위로로 미리 무장하지 않으면 스스로에 대해 깊이 생각할 겨를조차 없을 것입니다. 게다가 다른 사람들의 위로의 말도 듣지 못할 것이고, 혼자 기도하는 것은 물론, 사람들의 기도에 함께 참여할 수조차 없을 것입니다.

어쩌면 하나님도 기억하지 못하고, 스스로의 상태에 대해서 생각조차 할 수 없을 정도로 심한 중풍에 걸리거나, 그와 비슷한 치명적 마비 상태에서 죽을 수도 있습니다.

그렇다면 지금처럼 멀쩡할 때 하나님을 섬기는 일에 대해 이처럼 무심했으니, 그때 가서 하나님이 구원해 주실 것을 잊어버리신다 해도 당연한 일이 아니겠습니까? 그때 사망에 대한 두려움 때문에 많은 이들이 "주여, 주여!" 하며 부르짖을 것이나 그리스도께서는 "내가 너희를 도무지 알지 못한다"고 말씀하실 것입니다(마 7:22-23). 많은 이들이 에서처럼 눈물을 흘리며 회개하고자 하나 회개할 기회를 얻지 못할 것입니다(히 12:17). 왜냐하면 인간은 하나님이 은혜를 주실 때 비로소 회개할 수 있는 자유 의지를 가지기 때문입니다.

예수님의 천국 비유에 나오는 처녀들은 문이 닫힌 후 열심히 문을 두드리며 간곡히 부탁했으나 너무 늦었다는 이유로 냉혹한 거절을 당했습니다(마 25:11).

그렇다면 우리 같은 죄인이 어떻게 천국 문으로 들어갈 허락을 받겠습니까? 우리는 '죽기 전에는 절대 죄를 떠나지 않을 거야' 하고 생각할 만큼 더럽고 불결한 죄인으로, 한 번도 가슴을 치며 통회 자복해 본 적이 없었습니다. 주께서 마음속에 들어오시려고 문밖에 서서 두드리실 동안(계 3:20) 우리는 세상의 번영을 즐기며 그분이 들어오시는 것을 허락하지 않았습니다. 그러니 오래 살 줄 믿고 회개를 늦추거나, 죽기 직전에 회개하겠다는 생각은 아예 하지도 마십시오.

'죽기 직전에 회개하겠다' 고 생각하지 말아야 하는 이유는 사망의 두려움 때문에 억지로 하는 회개는 가치가 없고, 따라서 죽어가는 사람과 함께 사라져버릴 것이기 때문입니다. 또 생전에 다른 사람들을 기만한 위선자는 죽을 때도 자기 자신을 기만할 수 있기 때문입니다. 하나님은 자원하는 심령으로 드리는 예물 외에는 어떤 예물도 받지 않으십니다. 따라서 하나님을 기쁘시게 하려면 자원해서 회개해야 합니다. 할 수 없이 억지로 하는 회개는 하나님이 기쁘게 받으시지 않습니다.

또한 '나이가 들면 회개하겠다' 고 생각하지 말아야 하는 이유는 아무도 자기가 언제 죽을지 모르기 때문입니다. 누구나 젊을 때 죽을 수 있습니다. 사망처럼 분명한 것이 없듯 사망의 때처럼 불확실한 것도 없습니다. 우리는 죄인이 미친 듯이 죄를 지어 그 죄가 한창 무르익었을 때 하나님이 검이나 무절제, 사치나 호사, 또는 과음이나 무서운 질병 등으로 갑자기 그를 쳐서 데려가시는 모습을 종종 봅니다.

지금까지 나이가 들어 회개하겠다고 결심한 사람들 중 천 명에 한 명 꼴도 회개할 기회를 얻지 못했는데, 왜 늘 속으로 좀 더 늙으면 회개하겠다고 생각합니까? 그것은 사실 악한 영의 속삭임입니다. 그러므로 하나님의 성령이 우리를 감동시키시어 더 이상 술 취한 자들과 함께 먹고 마시는 일이 없게 하시기를 바랍니다.

우리가 하나님을 구하지 않을 때 갑자기 주인 되신 하나님이 우리에게 사망을 보내시는 일이 없기를 바랍니다. 생각하지 않은 날, 알지 못하는 시각에 갑자기 우리를 이 세상에서 끊으시어 외식하는 자들이 받는 율에 처하시는 일이 없기를 바랍니다. 그곳에 가면 슬피 울며 이를 갈게 될 것입니다(마 24:49-51).

오래 살고 싶습니까? 그렇다면 하나님을 두려워하고 영생을 간절히 사모하십시오(신 30:16; 잠 3:2; 시 34:11). 이 땅에서 아무리 오래 살아봤자 영생에 비하면 일장춘몽이요 사라져가는 증기나

스쳐지나가는 그림자에 지나지 않습니다. 또한 아침에 꽃이 피어 자라다가 저녁에 베인 바 되어 마르는 풀에 지나지 않습니다(시 90:9; 약 4:14; 시 109:23, 90:5-6; 벧전 1:24). 혹은 이 끝 저 끝을 신속히 걸어 말아 순식간에 다 없어지고 마는 직공의 베틀에 걸린 베와 같습니다(사 38:12).

인간의 인생은 일순간에 지나지 않는다고 사도 바울은 말했습니다(고후 4:17). 그런데 그토록 짧은 기간 동안 죄악의 낙을 누리기 위해 지극히 크고 영원한 영광의 중한 것을 놓치려 하다니(히 11:25; 고후 4:17), 이 얼마나 어리석은 일입니까!

진심으로 경건에 이르는 연습을 하려면, 그리스도의 은혜를 받아 누리거나 영광 중에 그분과 함께 교제하고 싶다면 그전에 먼저 막달라 마리아의 일곱 귀신처럼 지금까지 언급한 일곱 가지 장애물들을 쫓아내야 할 것입니다(막 16:9; 눅 8:2).

결론

그리스도께서 계시지 않는 한 우리는 죄의 노예요, 사망의 그릇이요, 벌레에 지나지 않습니다. 생각하는 것들이 허망하고, 그 소위가 악합니다. 우리가 누리는 쾌락은 찰나에 지나지 않는 반면 우리가 누리게 될 비참함은 끝이 없습니다. 지혜로운 자라면 이런 지옥 같은 고통을 스스로 초래하지 않을 것입니다.

물론 잠시 잠깐 죄 가운데 살면서 부요와 쾌락을 누리고, 부자가 먹는 진미와 그 화려한 의복을 즐길 수 있다 해도 누가 이런 지옥 같은 고통을 자초하겠습니까? 주님이 말씀하셨듯이 사람이 잠시 온 세상을 얻었다가 그 영혼이 영원히 지옥에 떨어진다면 그것이 무슨 소용이 있겠습니까?

지금까지 그리스도 안에서 우리가 누리는 행복이 얼마나 크고, 또한 우리로 하여금 그것을 누리지 못하게 방해하는 장애물들이 얼마나 허망한지를 살펴보았습니다. 히브리서 저자가 강력히 권면하고 있듯이 죄의 유혹을 조심하십시오(히 3:13). 지금은 우리의 타락한 본성으로 인해 매우 즐거워 보이는 죄가 언젠가는 괴롭게 번민하는 우리의 영혼에 가장 쓰라린 적이 될 것이고, 알지 못하는 사이에 회개하지 않은 우리의 심령을 강퍅하게 만들 것입니다.

죄는 뱀처럼 겉으로 보기에는 아름답습니다. 그러나 그 뒤에 독을 품고 있는 가시가 있습니다. 그 사실을 알면 뱀을 보고 도망치듯 죄로부터 도망칠 것입니다. 죄에 대해 살펴보면 다음과 같습니다.

첫째, 죄는 어떤 사람에게도 유익을 주지 않습니다. 따라서 사람이 죄를 지으면 지을수록 하나님의 혐오감을 더욱더 불러일으키고, 모든 선한 이들에게 더욱더 가증스러운 존재가 됩니다.

둘째, 일찍이 우리에게 닥친 모든 악, 고난, 상실, 수치, 질병은 죄가 가져다준 것입니다. 따라서 다윗은 "미련한 자들은 그들의 죄악의 길을 따르고 그들의 악을 범하기 때문에 고난을 받아"(시 107:17)라고 했으며, 예레미야는 탄식조로 "살아 있는 사람이 왜 슬퍼하는가?"라고 반문했습니다(애 3:20-21). 이에 대해 성령은 "살아 있는 사람은 자기 죄들 때문에 벌을 받나니"(애 3:39)라고 대답하셨습니다. 그러자 예레미야는 이스라엘 백성이 당하고 있는 모든 비참함의 원인은 바로 죄라며 "오호라 우리의 범죄 때문이니이다"(애 5:16)라고 애통하며 부르짖었습니다.

셋째, 만일 우리가 속히 회개하지 않으면, 그 결과 지금까지 우리에게 임했던 어떤 재앙보다도 더 큰 재앙, 상실, 고난, 수치, 심판이 임할 것입니다(레 26:18; 신 28:15).

마지막으로, 만일 우리가 죄를 떨쳐버리지 않는다면, 죄의 양이 가득 찰 때 하나님이 그 죄로 인해 우리를 내치실 것입니다. 하나님은 공의로우신 분으로, 마음이 강퍅하여 회개하지 않는 모든 죄인을 죽이시어 지옥으로 던져버리실 능력 또한 가지고 계십니다.

따라서 만일 이생에서 저주받은 죄의 결과들을 피하고, 또 그로 인해 내세에서의 영원한 저주까지 피하고 싶다면, 아울러 유기된 자가 되고 싶지 않다면 나의 충고를 듣기 바랍니다. 의로써 죄를 끊어버리고, 가난한 자를 긍휼히 여김으로써 속죄하기 바랍니다(단 4:27).

다윗은 나단 선지자의 비유를 듣고 즉시 잘못을 깨닫고 회개했습니다(삼하 12:13). 니느웨 사람들은 요나가 한 번 가서 설교했을 뿐인데 온 백성이 회개했습니다(욘 3:5). 베드로는 그리스도께서 한 번 슬쩍 쳐다보셨을 뿐인데 즉시 나가 심히 통곡하며 회개했습니다(눅 22:62).

지금 어떤 처지에 있습니까? 일개 선지자가 아닌 선지자들의 주님 되신 그리스도의 극진한 사랑을 받고 있지 않습니까? 게다가 하나님이 친히 그분의 사신들을 통하여 우리를 권면하시는 것 같이 그리스도를 대신하여 우리가 하나님과 화목하도록 간청하게 하십니다(고후 5:20).

그러니 다윗처럼 간음을 중단하고 회개하십시오. 니느웨 사람들처럼 즉시 죄를 회개하십시오. 그리스도께서 긍휼의 눈길로 바라보실 때 악한 친구들과의 관계를 끊으십시오. 그리고 주님의 마음을 아프시게 해드린 것에 대해 심히 통곡하십시오.

거듭나지 않은 자들이 만들어낸 형식적 종교에 만족하지 말고 진실한 마음으로 하나님께 헌신하십시오. 많은 사람들이 수다한 종교적 견해들 속에서(대부분이 잘못된 견해들입니다) 그리스도인다운 신실한 믿음의 삶을 살고 있지 않습니다. 그러니 '나는 대부분의 사람들처럼 행동할 뿐 극악무도한 사람들만큼 그렇게 악하지는 않아' 하며 자신을 선한 그리스도인이라 생각하지 말기 바랍니다.

어떤 악덕들 사이에는 상호 혐오감이 존재하기 마련입니다. 따라서 이 세상에 모든 악덕을 다 저지를 만큼 악한 사람은 하나도 없습니다. 따라서 예수님이 하신 말씀을 기억하십시오.

> "너희 의가 서기관과 바리새인보다 더 낫지 못하면
> 결코 천국에 들어가지 못하리라"(마 5:20).

바리새인들에 비해 금식하고 기도하는 것, 교회에 가는 횟수, 자선을 베푸는 것 등 우리가 얼마나 뒤져 있는지 한번 생각해 보십시오. 또 세례가 무엇인지조차 모르는 이방인들 가운데 우리보다 훨씬 더 덕스럽고 정직한 사람들이 얼마나 많은지 한번 생각해 보십시오. 우리의 주인 되신 그리스도의 생명이 어디에 있습니까? 자신이 참된 그리스도인과 얼마나 거리가 먼지 한번 생각해 보십시오.

만일 우리가 중한 죄 하나에 굴복하여 그 속에 빠져 산다면 비록 다른 많은 악덕들을 고친다 할지라도 거듭난 영혼을 가질 수 없습니다(막 6:20). 참된 그리스도인은 거짓 없이 진실된 마음으로 하나님의 계명을 지키며 살아야 합니다. 야고보는 이렇게 말했습니다.

> "누구든지 온 율법을 지키다가
> 그 하나를 범하면 모두 범한 자가 되나니"(약 2:10).

또 베드로는 몇 가지가 아닌 "모든 악독과 모든 기만과 외식과 시기와 모든 비방하는 말을 버리고"(벧전 2:1)라고 명했습니다. 회개하지 않으면 한 가지 죄만으로도 그 영혼이 정죄받습니다.

천국을 향해 갈 때 그리스도께서 우리에게 말씀하신 것보다 더 쉬운 지름길이 있으리라고는 꿈에도 생각지 마십시오. 천국으로 가는 길은 쉽고 넓은 길이 아니라 좁고 험한 길입니다(마 7:14). 너무 좁아서 부자는 들어가기가 몹시 어려운 곳이요(마 19:23), 그곳에 들어가는 자가 많지 않을 뿐 아니라(마 7:14, 22:14), 들어가려고 힘써도 들어가지 못하는 자가 많습니다(눅 13:24).

하나님의 모든 성도는 이 땅에 사는 동안 이 사실을 잘 알고 있었습니다. 그래서 자주 금식하고 간절히 기도했으며, 하나님의 말씀을 자주 듣고 성례전을 받았습니다. 아울러 제발 그 나라에 들어갈 수 있게 해달라고 많은 눈물을 흘리며 하나님께 간청했습니다.

이 진리가 믿어지지 않습니까? 그렇다면 지금 당신 귀에 대고 "천국에 들어가기는 아주 쉬워" 하고 속삭이는 마귀가 나중에 가서는 "천국에 들어가는 것이 세상에서 가장 힘든 일이야"라고 말할 것이라는 사실을 분명히 알아두기 바랍니다.

확실히 구원받기를 원하고, 천국으로 인도하는 바르고 안전한 길을 가고 싶다면 지혜로운 처녀들처럼(마 25:1) 즉시 대화의 등잔에 경건의 기름을 치십시오. 그래서 신랑 되신 그리스도께서 사망으로 찾아오시든, 심판으로 찾아오시든 항상 그분을 맞이할 수 있도록 준비하고 계십시오. 그 준비를 더 잘할 수 있도록 이를 매일 실천하십시오.

PART 2

그리스도를 닮아가는
경건 연습

chapter 5
하루를 경건하게 시작하기

하나님은 우리에게 하루하루를 선물해 주셨습니다. 태양이 그 빛을 환히 드러내는 아침 시간을 경건하게 보내는 것은 경건한 하루를 보내기 위한 첫걸음입니다. 아침에 눈을 뜨면 침상 옆에 무릎을 꿇고 기도함으로 하나님이 가장 먼저 마음에 들어오시게 해야 합니다.

아침에 눈을 뜨면 하나님보다 세상의 다른 생각이 먼저 들어오지 못하도록 마음의 문을 닫으십시오. 그래서 하나님이 가장 먼저 마음에 들어오시게 하십시오. 그러면 모든 악한 생각이 감히 우리 마음속에 들어올 엄두를 내지 못하거나, 설사 들어왔다 해도 쉽사리 쫓겨나갈 것입니다. 이렇게 하루를 시작하면 온종일 어렵지 않게 경건한 마음을 유지할 수 있을 것입니다.

만약 아침에 일어났을 때 하나님에 대한 생각이나 그분의 말씀들로 마음이 가득 차지 않으면, 또한 성막 안의 등처럼 매일 아침저녁으로 하나님의 말씀이라는 순수한 기름으로 채워지지 않으면(출 27:20-21), 아울러 기도라는 향기로운 향으로 불살라지지 않으면(출 30:6-7) 사탄이 세상 염려나 육적 소욕들로 그 마음을 가득 채울 것입니다. 그러면 하나님을 섬기기에 합당치 못한 마음에서 온종일 썩은 냄새와 거짓말, 조급하고 불결한 생각들만 나올 것입니다.

따라서 매일 하나님의 말씀과 기도로 시작하되, 상하고 통회하는 심령이라는 제단 위에 우리의 입술과 신음하는 영을 아침 번제물로, 그날의 첫 열매로 하나님께 바쳐야 합니다(시 51:17; 롬 8:22; 호 13:2; 시 130:6). 아침에 눈을 뜨자마자 하나님께 이렇게 말씀드리십시오.

"오, 여호와 하나님, 파수꾼이 아침을 기다리는 것보다 더 간절히 제 영혼이 주님을 기다립니다. 제게 긍휼을 베푸시고, 저를 축복하사 그 얼굴의 광채를 비추어주소서. 이 아침도 아버지의 긍휼로 가득 채우사 제가 온종일 기쁘고 즐겁게 살 수 있게 해주소서."

아침 묵상

일으키시는 하나님

전능하신 하나님은 오늘 아침 우리를 깊은 잠에서 깨우신 것처럼 부활의 때에도 우리를 쉽게 사망의 잠에서 일으키시어 무덤에서 나오게 하실 것입니다.

부활의 날이 밝아오면 그리스도께서 강림하사 그분의 성도들로부터 영광을 받으실 것이고, 그분처럼 영화롭게 된 수많은 성도의 몸이 태양처럼 밝게 빛날 것이며(살후 1:10; 유 14절; 빌 3:21; 눅 9:31), 모든 천사도 영광 중에 빛날 것입니다. 그날 그리스도의 몸은 그 영화로움과 영광이 천사들을 훨씬 능가할 것이고, 삼위일체 하나님의 영광의 빛이 태양 빛을 능가할 것입니다.

태양 하나로 아침 하늘이 그처럼 눈부시게 빛나는데, 태양보다 훨씬 더 눈부신, 영화롭게 된 수많은 성도의 몸이 모두 나타나 하나님의 의를 보이며 악한 천사들과 모든 경건치 못한 자들을 심판하시기 위해 오신 그리스도를 따라 줄지어 나아갈 때 그 빛이 얼마나 눈부시겠습니까(행 17:31; 고전 6:3; 유 15절)!

그러니 이 땅에서 잠시 어떤 이익이나 쾌락, 혹은 헛된 영광을 즐기다가 의인이 부활하는 그날 받게 될 영원한 지복과 영광 중에서 자신의 분깃을 놓치지 않도록 조심해야 합니다(눅 14:14). 짐승들은 이 땅에서 보이는 보통 빛을 볼 수 있는 눈을 갖고 있지만, 우리는 믿음의 눈으로 마지막 날 보게 될 영광의 빛을 미리 볼 수 있도록 열심을 내야 합니다.

보호해 주시는 하나님

우리가 잠자고 있는 동안, 그래서 스스로를 도울 수 없을 때 우는 사자처럼 밤낮으로 두루 다니며 삼킬 것을 찾는 마귀가 얼마나 우리 가까이에 있는지 모릅니다(벧전 5:8; 욥 1:7).

만일 하나님이 졸지도 않으시고, 주무시지도 않으시며 늘 우리와 우리의 소유물에 울타리를 쳐주시지 않았다면, 그리고 그분의 거룩하고 복된 천사들을 시키시어 우리를 보호해 주시지 않았다면 그 악한 마귀가 우리에게 어떤 해를 끼쳤을지 모릅니다(욥 1:10; 시 121:4, 34:7; 창 32:1-2; 왕하 6:16).

깨우시는 하나님

닭 우는 소리를 듣거든 베드로와 그의 행위를 기억하기 바랍니다(눅 22:61-62). 또 그것을 죽은 자들 가운데서 우리를 깨워 일으킬 마지막 나팔 소리로 생각하기 바랍니다. 그래서 현재 자신이 어떤 처지에 있는지 생각하고, 만일 그 소리가 지금 울린다면 어떤 모습으로 나타나고 싶은지, 그 모습이 되도록 열심을 다하십시오.

그날 '이 모습을 보지 않았더라면 좋았을 것을' 하고 바라는 일이 없도록, 영적 은혜로 거듭나지 못했기에 이 땅에 태어난 날을 저주하게 되는 일이 없도록 조심하십시오(렘 20:14; 욥 3:1).

닭이 울면 도적은 희망을 버리고 야밤 작업을 포기합니다. 마찬가지로 마귀도 경건한 영혼이 아침에 일어나자마자 기도하는 소리를 들으면 그를 유혹하려던 계획을 중단하거나, 더 이상 시도하지 않습니다.

지켜보시는 하나님

전능하신 하나님이 침상 곁에서 우리의 눕고 일어나는 것을 다 지켜보시고, 우리의 생각을 헤아리시며, 우리의 모든 길을 살피신다는 사실을 기억하십시오(시 139:2-3). 우리를 밤새 지켜보며 보호하는 거룩한 천사들 역시 우리가 깨고 일어나는 것을 다 지켜보고 있습니다(창 31:55, 32:1-2). 따라서 무슨 일을 하든 항상 거룩하신 하나님 앞에서 하듯 하고, 그분의 거룩한 천사들이 지켜보는 가운데서 하듯 하십시오(시 91:5, 11; 행 12:11).

덮으시는 하나님

옷을 입을 때는 이 사실을 기억하십시오. 맨 처음 옷이 주어졌을 때는 죄의 결과인 수치를 가리기 위한 것이었고, 또 그것은 죽은 짐승의 껍질로 만들어진 것에 지나지 않았습니다. 따라서 우리는 그것을 자랑할 이유가 거의 없습니다. 오히려 '사치스러운 옷은 수치를 가리는 좋은 천에 불과하다'는 생각을 하며 그것을 보거나 입을 때 겸손해져야 할 것입니다.

우리는 사람들 눈에는 아주 화려한 옷을 입고 있으면서 하나님이 보시기에는 벌거벗은 채로 걷는, 그래서 우리의 불결함이 모두 드러나 보이는 일이 없도록 해야 합니다(계 16:15). 옷으로 몸의 수치를 가리고 추위로부터 몸을 보호하듯, 그리스도의 의(성도의 의)라는 신부복으로 우리의 영혼을 가려야 한다는 사실을 기억하십시오(마 22:11; 롬 13:14; 고전 1:30; 빌 3:9; 계 19:8; 엡 4:24). 즉 그리스도의 의로 영원히 당할 수치로부터 우리 자신을 가리고, 영원히 울며 이를 갈 정도의 무서운 추위(마 22:13)로부터 우리 영혼을 보호해야 합니다.

만일 실크 양복이나 실크 드레스를 입은 사람들이 모두 다 성화된 영혼들이라면 이 나라가 얼마나 복받은 나라이겠습니까? 하나님께로부터 이런 외적인 축복을 많이 받은 자들이야말로 하나님께 가장 많은 감사를 드려야 할 것입니다(눅 12:48). 그렇지 않으면 마지막 날 하나님과 계산할 때 더 중한 벌을 받게 될 것입니다.

긍휼히 여기시는 하나님

아침마다 하나님이 어떤 식으로 우리에게 그분의 긍휼을 나타내시는지 생각해 보십시오. 그분은 매일 아침 우리에게 새 생명을 주시고(애 3:23; 시 19:5), 어김없이 태양을 떠오르게 하시어 새 빛을 주십니다.

그러므로 그 태양 빛이 헛되이 타오르지 않게 하십시오. 태양이 떠오르기 전에 일어나 먼저 하나님께 감사드리고(눅 12:48), 침상 곁에 무릎을 꿇고, 조용히 새벽 인사를 드리십시오. 이때 우리의 죄를 겸손히 고백하고, 용서해 달라고 간절히 구하고, 그동안 하나님이 베풀어주신 모든 은혜에 감사드리고, 하나님의 교회와 우리 자신과 우리에게 속한 모든 것을 은혜 가운데 보호해 달라고 간절히 기도하십시오.

성경을 가까이하기

기도를 드리려면 우선 하나님의 말씀을 읽고 묵상해야 합니다. 말씀은 우리 영혼의 양식입니다. 따라서 아침에 기도하기 전에 먼저 하나님의 말씀을 한 장 읽으십시오. 단 한 장을 읽더라도 그 말씀을 깨닫고 삶에 적용하는 것이 중요합니다. 성경을 가까이하는 것은 경건한 삶의 지름길입니다.

영혼이 구원을 얻으려면 먼저 믿어야 하듯이, 기도하려면 하나님의 말씀을 읽고 묵상해야 합니다. 따라서 아침에 기도하기 전에 먼저 하나님의 말씀을 한 장 읽으십시오. 그리고 다음의 사실들을 염두에 두고 말씀을 깊이 묵상하십시오.

첫째, 선행과 거룩한 삶에 대한 충고나 훈계의 말씀이 무엇인지 묵상하십시오.

둘째, 여러 죄에 대해 어떤 심판이 있으리라고 말씀하는지, 여러 모양의 죄인들에게 하나님이 내리신 벌과 보복 중에 우리가 두려워해야 할 것들이 무엇인지 묵상하십시오.

셋째, 인내, 정결, 자비, 긍휼, 하나님을 열심히 섬기는 것, 하나님에 대한 믿음과 신앙, 그와 같은 덕행들에 대해 하나님이 어떤 축복들을 약속하고 계신지 묵상하십시오.

넷째, 하나님이 그분의 참되고 열심 있는 종들을 어떻게 은혜롭게 구원해 주셨으며, 또 어떤 특별한 축복을 허락하셨는지 묵상하십시오.

다섯째, 읽은 내용을 마음속에 적용하십시오. 즉 말씀을 읽을 때 단순한 역사적 기록으로만 읽지 말고 하나님이 천국에서 직접 우리에게 보내신 편지로 생각하고 읽으십시오. 성경에 쓰인 것은 무엇이든 우리의 교훈을 위한 것입니다(롬 15:4).

여섯째, 성경을 읽을 때는 하나님이 우리 곁에 서시어 "그곳에 기록된 덕행들을 사모하고, 악행들을 행하지 말라"고 직접 말씀하시는 것이라고 생각하며 경외심을 갖고 읽으십시오. 만일 우리가 그런 죄들을 짓고 회개하지 않는다면 그곳에 기록된 재앙들이 우리에게 임할 것이요, 그곳에 기록된 경건과 덕행들을 실천하면 그와 같은 축복이 우리와 우리에게 속한 모든 것 위에 임할 것입니다. 따라서 이러한 사실을 확신시켜주시고자 그 말씀을 하시는 것이라고 생각하십시오.

간단히 말해, 성경에서 읽는 모든 것을 다음 두 가지 중 하나로 보십시오. 즉 우리의 믿음을 확증시키기 위한 것, 또는 우리의 회개를 증진시키기 위한 것으로 보십시오. 참고 견디는 것이 훌륭한 철학자의 삶의 전형이라면, 믿고 회개하는 것이야말로 참된 그리스도인의 고백의 총체라 할 수 있습니다.

이처럼 한 장을 읽더라도 그 말씀을 깨닫고 삶에 적용하는 것이 그 말씀이 무슨 뜻인지 깊이 생각하지도 않을뿐더러 삶에 적용하지도 않은 채 맹목적으로 다섯 장을 읽는 것보다 우리의 영혼에 훨씬 더 좋은 양식과 위로가 됩니다.

아침에 한 장, 점심에 한 장, 밤에 한 장, 이렇게 매일 세 장씩 읽어나가면(시편을 읽을 때는 아침에 한 편, 점심에 한 편, 저녁에 한 편씩 읽으십시오) 성경 전체(마지막 여섯 장을 제외하고)를 1년에 다 읽을 수 있습니다. 마지막 여섯 장은 1년의 마지막 날에 합산해서 읽으면 됩니다. 창세기부터 순서대로 읽어나가면 성경 전체의 역사적 흐름을 이해하는 데 더욱 도움이 될 것입니다. 만약 사람의 영으로 쓰인 외경(정경 속에 포함되지 않은 책)을 읽을 경우에는 성령의 영감으로 쓰인

정경과 일치되는 부분만 믿도록 하십시오.

이 제안에 "일이 너무 많아서 매일 아침 성경을 한 장씩 읽을 여유가 없습니다" 하고 말할지도 모르겠습니다. 그러나 자신의 인생이 얼마나 짧은지 한번 생각해 보십시오. 게다가 그토록 바쁘게 하는 모든 일이 이 짧은 생을 유익하게 하는 일들뿐이지 않습니까! 그러나 우리가 받는 구원이나 저주는 진정 영원한 것입니다. 언제나 이 사실을 기억하고 매일 아침 시간에 쫓기지 않도록 좀 더 일찍 일어나십시오.

잠을 좀 덜 자는 한이 있더라도 영혼의 양식을 반드시 먹으십시오. 하나님을 섬기는 일을 게을리하지 마십시오. 건강하고 시간이 있을 때 전능하신 하나님을 마음껏 섬기십시오. 그것이 인생의 마땅한 도리입니다.

성경을 한 장 읽고 묵상한 후 기도할 때에는 하나님이 거룩하신 분이시라는 사실을 기억하십시오(출 26:36). 하나님은 친히 "너희는 거룩하라 이는 나 여호와 너희 하나님이 거룩함이니라"(레 19:2)고 말씀하심으로써 그 점에 대해 우리에게 자주 경고하셨습니다.

나답과 아비후가 하나님이 명하시지 않은 다른 불을 담아 분향하자 하나님께로부터 갑자기 불이 나와 그들을 삼켰습니다(레

10:2). 이와 같이 오늘날에도 정욕과 악독의 불이 가득한 심령으로 기도를 드리는 자들이 있습니다. 그때 하나님은 "나는 나를 가까이하는 자 중에서 내 거룩함을 나타내겠고"(레 10:3)라고 말씀하셨을 뿐 다른 어떤 설명도 하지 않으셨습니다. 그것은 하나님이 이렇게 말씀하신 것이나 마찬가지입니다.

"만일 나의 종들이라 일컫는 자들이 마땅한 거룩함으로 나를 섬기지 않음으로써 나를 거룩하게 하지 않는다면 내가 그들에게 나의 공의로운 심판을 내려 수치를 당하게 함으로 나의 거룩함을 나타낼 것이다. 그들의 불결함과 더러움은 공의로운 심판을 받아 마땅하다."

이처럼 하나님은 그분을 섬기는 자들이 고의적으로 죄를 짓거나 불결할 때 그들 안에 거하실 수 없습니다.

> "이는 네 하나님 여호와께서 너를 구원하시고
> 적군을 네게 넘기시려고 네 진영 중에 행하심이라
> 그러므로 네 진영을 거룩히 하라"(신 23:14).

욥기에 보면 소발은 "만일 네가 마음을 바로 정하고 주를 향하여 손을 들 때에 네 손에 죄악이 있거든 멀리 버리라 불의가 네 장막에 있지 못하게 하라"(욥 11:13-14)고 말했습니다. 또 이사야는

"너희가 손을 펼 때에 내가 내 눈을 너희에게서 가리고 너희가 많이 기도할지라도 내가 듣지 아니하리니 이는 너희의 손에 피[우리가 회개하지 않은 모든 죄]가 가득함이라"(사 1:15)고 말했습니다.

따라서 기도하기 전에 하나님이 우리가 진심으로 우리의 죄를 슬퍼하고 있으며, 그분의 은혜의 도우심으로 그 잘못들을 고치기로 마음먹었다는 것을 보실 수 있게 하십시오. 그다음 스스로를 정결케 하고 부르심에 합당한, 우리가 지니고 있는 하나님의 이미지에 어울리는 옷으로 몸을 단장한 후 마음의 밀실을 닫으십시오.

그리고 침상 곁이나 다른 편한 장소에서 무릎을 꿇고 하나님을 경외하는 심령으로 그분께 마음을 집중하십시오. 이때는 영혼의 생각과 뜻을 감찰하시는 하나님 앞에서 기도드리듯이 두 손을 높이 들고 두 눈을 하나님께 향하게 하십시오. 그리고 나서 그리스도를 묵상하는 가운데 회개하는 심령이라는 제단 위에 다음과 같은 기도를 아침 번제물로 하나님께 바치십시오.

아침 기도

"영화롭고 전능하신 하나님! 제가 도저히 이해할 수 없는 큰 능력과 위엄을 갖고 계신 하나님, 하늘의 하늘도 그 영광을 감당할 수 없는 큰 영광의 하나님! 보잘것없는 이 종이 아버지의 은혜의 보좌의 발등상에 이렇게 엎드렸사오니 저를 굽어살피소서!

오, 하나님 아버지, 아버지의 사랑하는 아들 예수 그리스도, 아버지께서 그토록 지극히 기뻐하시는 예수 그리스도의 공로를 생각하사 저를 불쌍히 여기소서! 저는 아버지 앞에 이처럼 엎드려 있을 가치도 없을뿐더러 지극히 거룩하신 아버지께 감히 이 더러운 입술을 열어 말씀드릴 자격도 없습니다. 아버지께서는 제가 죄 중에 잉태되어 죄 가운데 태어난 것을 아시고, 그 후로도 항상 불법 가운데 살아왔음을 잘 아십니다. 저는 그동안 불결하고 더러운 언행심사들로 아버지의 거룩한 계명들을 모두 어겼습니다. 아버지께서 아버지를 섬기라고 말씀하시며 주신 그 모든 의무를 게을리하고, 아버지께서 기뻐하지 않으시므로 하지 말라고 금하신 악을 많이 행했습니다.

_{(여기서 하나님께 우리의 양심에 가장 무거운 짐이라 할 수 있는 비밀스러운 죄들을 고백할 수 있습니다. '오, 하나님, 제가 비통한 심령으로 이러이러한 죄를 고백합니다'라고 말씀드림으}

로써 그 죄를 고백하십시오.)

하나님, 만일 하나님이 제가 받아 마땅한 벌로 저를 처벌하신다면 저는 이생에서 비참하게 살아야 하는 것은 물론이요, 이 악한 생이 끝나는 날 지옥 불에서 영원한 고통을 받아야 할 것입니다. 제가 이미 오래전에 소멸되지 않고 이렇게 여전히 살아 있는 것은 오직 영원무궁하신 하나님의 긍휼과 인자하심 때문입니다.

오, 여호와 하나님, 하나님은 자비로우실 뿐 아니라 불쌍한 죄인을 값없이 구속해 주시니 그 무궁하신 자비와 예수 그리스도의 공로를 의지하여 감히 이렇게 간청합니다. 종이 행한 대로 주의 종을 심판하지 마시고 제가 지금까지 범한 모든 잘못을 마음에 새겨두지 마소서. 만일 그리하시면 아무 육체라도 하나님 앞에서 의롭다 함을 받을 수 없음은 물론, 감히 그 앞에 서지도 못할 것입니다.

하나님, 제게 긍휼을 베푸사 예수 그리스도께서 저를 위해 흘리신 보혈의 공로로 제가 범한 모든 더러운 죄를 말끔히 씻어주소서. 제 죗값으로 그리스도께서 저주를 당하셨으니 오, 하나님, 저를 저의 죄로부터, 그리고 그 죄로 인해 받아 마땅한 모든 심판으로부터 구원해 주소서. 동이 서에서 먼 것같이 저의 죄를 주의 앞에서 멀리 옮기소서. 그것이 저를 대적해서 일어나 이생에서 저를 창피하게 만들거나 내생에서 저를 저주할 힘을 전혀 갖지 못하도록 그리스도와 함께 그 죄를 장사지내소서.

오, 하나님, 하나님의 흠 없는 어린양의 피로 저의 죄를 말끔히 씻어주실 뿐 아니라 성령으로 제 마음을 새롭게 하사 이 타락한 본성으로부터 정결케 해주소서. 그래서 제가 매일의 삶 속에서 저의 죄를 죽이는 성령의 능력을 점점 더 많이 체험할 수 있게 해주시고, 그로 인해 오늘 제가 마음과 뜻과 정성을 다해 의롭고 거룩하고 영원하신 하나님을 섬길 수 있게 해주소서. 또 제게 은혜를 허락하사 그 동일하신 성령의 도우심과 인도를 따라 이 생명이 다하는 날까지 하나님의 신실하고 진실된 종이 될 수 있게 해주시고, 이 생명이 끝나는 날 하늘나라에서 영원한 생명과 복을 누릴 수 있게 해주소서.

하나님, 이 비참한 인생 골짜기에서 얼마 남지 않은 짧은 기간 동안 제가 계속 생을 유지하는 것이 주님의 뜻이라면 주여, 제게 그 남은 기간을 계수하는 법을 가르치사 온 마음으로 지혜에 전념할 수 있게 하소서.

오, 선하신 하나님, 이 땅에서 사는 날 수를 제게 더하실 때마다 그와 함께 회개와 개선도 더하사 제 연수가 많아짐에 따라 은혜 안에서 점점 더 자라갈 뿐 아니라 하나님과 하나님의 모든 백성에게 점점 더 사랑스러운 자가 되게 해주소서.

이 목적을 위해 지금까지 제게 허락하신 그 모든 좋은 선물을 더하심과 동시에 제게 부족하고 꼭 필요한 새로운 은혜들을 모두 허락해 주소서. 그래서 제가 좀 더 경건한 삶을 살며 정직한 대화를 나눔으로써 하나님의 이름을 영화롭게 할 뿐 아니라 다른 사람들에게 좋은 본이 될 수 있게 해주시고, 이로 인해 제 영혼이 선한 양심의 평강을 누리며 성령의 기쁨으로 충만하여 늘 기뻐할 수 있게 해주소서.

하나님, 제가 반드시 완수해야 할 의무를 이행할 수 있도록 주께서 그동안 베풀어주신 선하신 모든 축복에 대해 진심으로 감사드립니다. 하나님은 그 영원하신 목적에 따라 제게 값없이 무한한 사랑을 주셨으며, 세상의 기초도 놓으시기 전에 저를 택하사 예수 그리스도 안에서 구원해 주셨습니다. 또 하나님의 형상을 따라 저를 창조하사 우리의 첫 번째 부모인 아담과 하와의 타락으로 잃어버렸던 그 형상을 제 안에서 다시 회복하게 하셨습니다.

성령의 역사로 복음 설교와 성례전을 통해 저를 유효하게 부르사 구원의 은혜를 깨닫게 하시어 하나님의 복되신 뜻에 순종할 수 있게 하셨습니다. 당신의 독생자 예수 그리스도의 피로 값

주고 저를 사시어 지옥의 고통과 사탄의 속박으로부터 구속해 주셨습니다. 예수 그리스도를 믿는 믿음을 보사 본질상 진노의 자녀인 저를 값없이 의롭다 하셨습니다. 그리고 성령을 통해 저를 성화시키시고 제게 회개할 수 있는 수단과 함께 회개할 수 있는 시간까지 넉넉히 주셨습니다.

선하신 하나님, 제게 주신 생명과 건강과 재산과 식량과 의복과 평강과 그 외에 무수히 많은 다른 것들로 인해 감사드립니다. 지난밤에도 영육 간의 모든 위험으로부터 저를 지켜주사 이 아침에 안전하게 일어날 수 있게 해주시니 또한 감사드립니다.

하나님, 간구하옵나니 이처럼 제 육신을 잠에서 깨워주신 것처럼 제 영혼을 죄와 육적 안일로부터 깨워주소서. 저 밝은 태양빛으로 제 두 눈을 비추사 환히 볼 수 있게 해주신 것처럼 하나님의 말씀과 성령의 빛으로 제 심령을 환히 비추사 진리를 깨닫게 하소서.

제게 은혜를 더하사 오늘도 빛의 자녀답게 순종하며 거룩한 삶을 살 수 있게 해주소서. 제가 믿음을 지키고 모든 언행심사에서 하나님께나 다른 모든 사람에게 깨끗한 양심을 지킬 수 있게 해주소서.

선하신 하나님, 오늘 제 손으로 하게 될 모든 연구와 활동을 축복하사 하나님을 영화롭게 하고, 다른 사람들을 유익하게 하며, 아버지 앞에서 마지막 셈을 치러야 할 때 저의 영혼과 양심이 위로를 얻을 수 있게 해주소서.

오, 하나님, 오늘도 주의 종을 지키사 어떤 사람에게도 악을 행하지 않게 하시고, 마귀나 그의 악한 하수인들로부터 고통당하는 일이 없게 하시며, 악한 원수들이 제게 해를 가할 수 있는 어떤 힘도 얻지 못하게 하소서. 오직 거룩하신 하나님의 섭리의 눈길로 저를 지켜보사 선한 일만 있게 하시고 악한 일을 당하지 않게 하소서. 그리고 주의 이름을 경외하는 자들에게는 천사들을 시켜 보호해 주겠다고 약속하신 것처럼 아버지의 거룩한 천사들에게 명하사 저를 둘러 진 치게 하사 들어오나 나가나 안전하게 해주소서.

하나님 아버지, 여기 제 영혼과 몸을, 제 모든 행동과 소유를 아버지 손에 의탁하오니 보호 인도해 주시옵소서. 아버지 손에 맡겨진 것은 무엇이든 멸망하거나 해를 당하지 않기 때문입니다. 제가 오늘 혹시 믿음이 약해져 잠시라도 아버지를 잊거든 오, 하나님 아버지, 무한하신 긍휼로 저를 기억해 주소서.

오, 하나님 아버지, 또한 주님의 온 교회와 택함받은 모든 백성에게도 긍휼을 베푸사 마귀와 이 세상과 적그리스도의 분노와 횡포로부터 보호해 주소서. 그리고 주께서 택하여 하늘나라에 속하게 하신 자들이 회심할 수 있도록 값없이 주시는 이 기쁜 복음이 온 땅에 전파되게 하소서.

제가 살고 있는 이 나라와 교회들을 평강과 공의와 참 경건으로 계속 축복해 주소서. 이 나라의 지도자들과 그 가족들을 축복해 주시고, 자신들이 맡은 소임을 제대로 감당할 수 있도록 그들에게 부여하신 모든 은사와 영적 축복을 더해 주소서. 이 교회와 나라의 모든 지도자가 참 경건과 참 공의와 참 순종과 참 평정 속에서 백성들을 다스릴 수 있도록 인도해 주소서.

하나님을 경외하며 하나님의 이름을 부르는 모든 형제자매에게 긍휼을 베푸소서. 그중에서도 마음과 육신이 아프고 위로를 받지 못하는 자들에게 주님의 위로를 허락해 주소서. 특히 하나님의 진리와 거룩한 복음을 증거한다는 이유로 핍박받거나 고통당하는 모든 이에게 크신 은혜를 베푸소서. 아버지의 영광을 위해, 진리가 보다 널리 전파되기 위해, 그리고 그들에게 큰 위로가 될 수 있도록 하나님이 보시기에 가장 선하고 지혜로운 방법으로 그 모든 핍박과 고통으로부터 그들을 구원해 주소서.

복되신 구세주여, 속히 임하시어 죄로 가득 찬 이날들이 끝나게 해주소서. 제게 은혜를 베푸사 지혜로운 처녀들처럼 신랑 되신 주님이 오실 때, 그것이 사망의 날이든 심판의 날이든 주님을 만날 수 있도록 제 등에 늘 기름을 넉넉히 준비하게 해주소서.

주 예수님, 주께서 원하시는 때에 오시되 속히 오시옵소서. 이 모든 은혜와 그 외의 다른 은혜들이 제게 필요함을 주께서 아시오니 오늘뿐 아니라 주님을 만날 그날까지 제게 이 은혜들을 항상 내려주소서.

그리스도께서 가르쳐주신 기도대로 겸손히 엎드려 간절히 구합니다. '하늘에 계신 우리 아버지, 아버지의 이름을 거룩하게 하시며……. 아멘.'"

아침 묵상을 위한 조언

아침 기도를 할 때는 다음과 같은 사항들에 유의할 필요가 있습니다.

첫째, 혹시 기도하려 할 때 사탄이 기도가 너무 기니까 생략하라든지, 아니면 짤막하게 하는 것이 좋겠다고 속삭이거든, 기도는 하나님이 매우 기뻐하시는 영적 제사라는 사실을 기억하십시오(히 13:15-16). 이런 이유로 마귀는 기도를 아주 싫어하며 우리의 육체 또한 기도를 아주 귀찮은 것으로 여깁니다. 따라서 기도를 좋아하든 좋아하지 않든 자신의 감정을 죽이고 온 마음을 다해 이 거룩한 경건의 연습을 실행하십시오. 우리의 육체가 그것을 귀찮아하면 할수록 하나님은 더욱더 기뻐하신다는 사실을 스스로에게 상기시키십시오.

둘째, 성령이 택함받지 못한 자들에 대해 말씀하실 때 특별히 기도에 대해 언급하셨다는 사실을 잊지 마십시오.

> "그들이……여호와를 부르지 아니하는도다……
> 하나님을 부르지 아니하는도다"(시 14:4, 53:4).

또한 욥기에 보면 엘리바스가 욥이 하나님을 경외하는 일을 그만두었기 때문에 하나님도 그를 그분의 은혜 밖으로 내치신 것이라고 말하면서, 욥이 하나님 앞에 묵도하기를 그치게 한다고 책망하고 있음에 유의하십시오(욥 15:4).

하나님은 "누구든지 주의 이름을 부르는 자는 구원을 받으리라"(롬 10:13)고 약속하셨습니다. 기도해야 할 의무를 전혀 깨닫지 못하는 사람은 분명히 그 안에 성령의 은혜를 갖고 있지 않은 것입니다. 왜냐하면 은혜의 영과 기도의 영은 하나이기 때문입니다(슥 12:10). 성령의 은혜가 그 안에 있으면 반드시 기도하기 마련입니다. 그러나 참 회개하는 심령으로 아침저녁마다 하나님께 기도하는 사람은 이 세상에서 하나님의 은혜를 받는 것은 물론, 장차 올 세상에서도 영광을 받을 것입니다.

셋째, 고기가 먹기 싫고 말하기가 귀찮은 것은 곧 몸이 아프다는 증거입니다. 따라서 하나님께 기도하는 것이 귀찮고 하나님이 성경을 통해 우리에게 말씀하시는 것을 듣기가 귀찮다면 그것은 곧 우리의 영혼이 아프다는 증거입니다.

넷째, 죄를 용서받기 위해, 또한 그리스도께서 재림하실 때 깨어 있기 위해 밤잠도 거르며 철야기도에 힘썼던 초대 교회 그리스도인들의 열심 있는 경건을 기억하십시오. 다윗은 아침, 점심, 저녁에 기도하는 것만으로는 부족해서(시 55:16-17) 자정에 일어나 하나님께 기도드리곤 했습니다(시 119:62). 그리스도께서는 "너희가 나와 함께 한 시간도 이렇게 깨어 있을 수 없더냐"(마 26:40)고 하시며 제자들을 책망하셨습니다.

그렇다면 15분간 기도하는 것도 너무 길다고 생각하는 우리는 도대체 어떤 책망을 받아야 마땅할까요? 자신의 육신을 기쁘게 하기 위한 무익한 스포츠나 게임에는 많은 시간을 보내고, 오락을 위해서는 밤낮을 지새우지 않습니까? 그렇다면 하나님을 섬기기 위해 15분간 기도하는 것이 너무 길다고 생각하는 것을 부끄럽게 여겨야 할 것입니다.

다섯째, 만일 가톨릭 신자들이 맹목적으로 미신을 믿듯, 신비주의적인 바벨론 자녀들에게나 어울리는(고전 14:14; 창 11:9; 계 17:5), 알지도 못하고, 전혀 교훈도 되지 못하는 말로 염주 알을 굴리며 성모송과 라틴어로 된 주기도문과 우상숭배적인 기도를 매일 아침저녁으로 열심히 되뇌인다면 마지막 심판 날, 그들이 일어나 그리스도의 참된 예배자로 자처하는 당신을 향해 무슨 대적의 말을 할지 생각해 보십시오.

비록 그들이 드리는 기도보다 길이는 짧지만 질적인 면에서 훨씬 더 유익할 뿐 아니라 하나님의 영광과 그분의 선을 위해 드려지는 기도, 성경 구절들로 이루어져 하나님의 거룩하신 말씀뿐 아니라 우리의 모국어로 하나님께 말씀드릴 수 있는 기도를 너무 길다고 생각한다면 피조물을 미신적으로 예배하는 로마 가톨릭 신자들이 "유일하신 참 하나님"(요 17:3)을 진지하게 섬긴다고 자처하는 우리보다 훨씬 더 경건하다는 사실로 인해 부끄러워해야 할 것입니다.

경건 시간에 개인적으로 드리는 기도는 조각조각 끊어진 짧은 기도들을 많이 드리는 대신 로마 가톨릭 신자들이 하듯 계속적으로 이어지는 대화식 기도를 드리는 것이 좋습니다.

마지막으로, 잡생각들이 자꾸 떠올라 기도를 방해하거나 기도하는 마음을 어지럽게 할 경우 그것은 좋은 씨를 삼키고, 우리가 드리는 영적 제사인 기도의 제물을 삼키려고 악한 자가 보낸 솔개라는 사실을 기억하십시오. 그때는 아브라함처럼 솔개를 쫓아 버려야 합니다(창 15:11).

그럼에도 불구하고 영이 멍하거나 마음이 기도와 경건의 시간을 갖기에 합당하지 않다고 생각될 경우 너무 애쓰지 말고 스스로의 불법과 영의 둔함을 의식하고 자신을 겸손히 낮추되 비록 육신에 눌려 기도는 못할지언정 하나님이 기도하려는 그 마음을 받으신다는 사실을 깨닫고 마음 편히 있으면 됩니다(마 26:41; 고후 8:12). 그리고 다음번에 기도할 때 갑절의 열심을 내십시오. 이때는 다음과 같은 기도나 간단한 기도를 드림으로써 하나님께 우리의 영을 의탁하는 것이 좋습니다.

간단한 아침 기도 #1

"은혜롭고 자비로우신 하나님 아버지, 아무 가치 없는 종이 다음과 같은 사실을 인정합니다. 저는 죄 가운데 태어났을 뿐 아니라 그동안 불법 가운데 살아왔으며, 저의 언행심사로 아버지의 모든 계명을 어겼습니다. 아버지의 거룩하신 말씀과 성령의 지배를 받아야 함에도 불구하고 오히려 저 자신의 소욕과 육신의 정욕을 따라 살아왔습니다.

만일 아버지께서 그런 저를 아버지의 공의와 제가 받아 마땅한 형벌에 따라 처벌하신다면 이생에서 비참한 수치를 당해야 함은 물론이요 내생에서 지옥 불에 떨어지는 저주를 받아야 할 것입니다.

그러나 하나님 아버지, 아버지의 아들 예수 그리스도께서 저를 위해 흘리신 보혈과 그 쓰라린 죽음의 고통을 인해 간구하옵나니, 저의 모든 죄를 용서해 주시고 제 죄로 인해 받아 마땅한 모든 수치와 보복으로부터 구해 주소서.

성령을 보내사 여호와 하나님이 저의 하나님 아버지이시요 저는 아버지의 자녀라는 사실과 아버지께서 변치 않는 사랑으로 저를 사랑하신다는 사실을 제게 확신시켜주소서. 또 그 동일하신 성령으로 저를 모든 진리 가운데로 인도하사 제 안에 있는 세상적이요 육적인 정욕들을 모두 십자가에 못 박을 수 있게 해주소서.

그 결과 제 안에 있는 죄가 점점 더 많이 죽어 오늘뿐 아니라 저의 남은 모든 날 동안 진실되고 성실한 의와 거룩함으로 아버지를 섬길 수 있게 해주소서. 이 죽을 목숨이 다하는 날, 그리스도 안에 나타난 아버지의 긍휼을 덧입어 하늘나라의 영원한 영광에 참여할 수 있게 해주소서.

하나님, 그동안 제 영육을 위해 베풀어주신 그 모든 축복에 대해 진심으로 감사드립니다. 또 영원하신 사랑으로 저를 택하사 아버지의 아들 예수 그리스도를 통해 구속해 주시고, 성령으로 성화시켜주시며, 어릴 때부터 오늘 이 시간에 이르기까지 은혜로우신 섭리로 지켜주신 것에 대해 진심으로 감사드립니다.

특별히 지난밤, 저를 모든 위험으로부터 보호해 주사 이 아침에 이처럼 안전하게 깨어날 수 있게 해주시니 진심으로 감사드립니다.

오, 선하신 하나님, 간구하옵나니 오늘 하루도 저를 해하려는 모든 악한 세력으로부터 지켜주시사 아버지의 마음을 상하게 해드리는 어떤 중한 죄도 짓지 않게 해주소서. 제 마음속에 온종일 아버지의 위엄을 기억하게 하시고, 성령으로 제 마음을 다스리사 오늘 저의 모든 언행심사로 아버지를 영화롭게 하며, 다른 사람들을 유익하게 하고, 저 자신의 양심이 평강을 누릴 수 있게 해주소서.

이 목적을 위해 저 자신과 저의 모든 길과 행위와 제게 속한 모든 것을 아버지께 맡기오니 그 자비로우신 은혜로 보호 인도해 주소서. 저 자신과 그 모든 것을 모든 악에서 지켜주시고 제가 정직하게 행하는 모든 수고와 노력을 축복해 주소서.

주님의 온 교회를 이 세상과 적그리스도의 횡포로부터 보호해 주시고, 이 나라의 통치자를 모든 음모와 반역으로부터 지켜주사 오랫동안 우리를 잘 다스릴 수 있게 해주소서. 그 가족들도 축복해 주시며 그들에게 은혜를 허락하사 모든 악으로부터 보호해 주소서. 이 나라 정부와 교회의 모든 주관자에게 그들의 소임을 감당하는 데 필요한 은혜와 은사들을 허락해 주소서. 아버지를 경외하며 아버지의 심판을 두려워하는 모든 자에게 은혜를 베풀어주시고, 병들어 아프고 위로받지 못하는 자들을 모두 위로해 주소서.

하나님 아버지, 제가 늘 저의 최종 목적을 위해 믿음과 회개로 준비하고 있을 수 있도록 지켜주소서. 죽든지 살든지 아버지의 것으로 발견될 수 있도록, 저의 유일하신 구세주이신 예수 그리스도를 통해 아버지의 영원한 영광으로, 저의 영원한 구원으로 나아갈 수 있도록 지켜주소서. 이 모든 긍휼을 내려주시기를 예수 그리스도의 복되신 이름으로 간구합니다.

그리고 예수 그리스도께서 그 입술로 친히 거룩하게 만드신 다음과 같은 기도로 아버지께 영광을 돌리며 아버지를 찬양합니다. '하늘에 계신 우리 아버지, 아버지의 이름을 거룩하게 하시며……. 아멘.'"

바쁠수록 기도하라

아무리 할 일이 많고 바쁘더라도 그것이 아침 기도를 생략하기 위한 충분한 이유가 되지는 못합니다. 따라서 그때는 다음과 같은 사실들을 묵상하십시오.

첫째, 해야 할 일이 많고 중요한 일일수록 그 일을 신속히 처리할 수 있도록 하나님의 도우심과 축복을 더욱더 간구해야 한다는 사실을 기억하십시오. 하나님의 축복 없이는 어떤 성공이나 번영도 기대할 수 없습니다.

둘째, 많은 사람들이 자신이 가장 안전하다고 믿을 때 배반당했습니다. 따라서 우리도 그렇게 될지 모른다는 사실을 기억하십시오.

셋째, 많은 사람들이 아침에 대문을 나섰다가 다시는 돌아오지 못했다는 사실, 즉 아침에 기분 좋고 활기차게 일어나서 나갔다가 밤이 되기 전에 죽었다는 사실을 기억하십시오. 따라서 우리도 그렇게 될지 모른다는 사실을 명심하십시오.

넷째, 기도하는 데 바친 시간은 우리의 여행이나 사업을 방해하는 것이 아니라 오히려 번영케 한다는 사실을 기억하십시오.

다섯째, 이 세상으로 나갈 때는 미지의 위험으로 가득 찬 숲 속으로 들어가는 것과 같다는 사실을 기억하십시오. 그곳에는 우리의 선한 이름을 훼손시킬 가시나무라든가 우리의 생명을 노리는 덫과 올무, 우리의 영혼을 삼키려는 사냥꾼들이 도사리고 있습니다. 겉으로는 아름다운 초원처럼 보이지만 실은 독사들로 가득 찬 곳입니다.

따라서 벌거벗은 몸으로 세상에 나갈 생각은 절대 하지 마십시오. 그리스도께서 의의 옷을 입혀주시기를 기도드리기 전에는 절대 나가지 마십시오. 하나님의 섭리로 인도해 달라고 기도하기 전에는 올무와 복병들로 가득 찬 세상으로 나가지 마십시오. 평화의 복음의 신을 신고, 믿음의 눈으로 기도하는 가운데 파렴치하고 뻔뻔스러운 뱀을 잠잠하게 만들 때까지는 뱀이 우글대는 들판을 맨발로 걸어나가지 마십시오.

아울러 아침에 집을 나설 때보다 더 거룩해져서 돌아오지는 못할지언정 더 악해져서 돌아오는 일은 없어야 할 것입니다.

그러므로 할 일이 얼마나 많고 바쁜지는 몰라도 다음과 같은 기도나 그와 비슷한 간단한 기도를 드리기 전에는 절대 집을 나서지 말고, 일하러 돌아다니지 마십시오.

간단한 아침 기도 #2

"자비로우신 하나님 아버지, 예수 그리스도의 이름으로 간구하옵나니 저의 언행심사로 아버지의 위엄을 거스르고 범한 모든 죄(알려진 죄와 알려지지 않은 비밀스러운 죄)를 용서해 주소서. 그리고 그로 인해 제가 받아 마땅한 모든 심판으로부터 저를 구해 주시고, 성령으로 제 마음을 거룩하게 하사 이제부터 좀 더 경건하고 신실한 삶을 살게 해주시옵소서.

오, 하나님 아버지, 지난밤 제게 충분한 수면과 휴식을 허락하사 이처럼 새 힘을 주신 것에 대해 아버지의 거룩하신 이름을 찬양합니다. 간구하옵나니 오늘도 영육 간에 당할 모든 위험으로부터 저를 보호해 주소서. 이 목적을 위해 저 자신과 저의 모든 행위를 아버지의 복되신 보호와 지도에 맡깁니다. 살든지 죽든지 아버지의 영광을 위하게 하시며, 주님의 보혈로 값 주고 사신 이 불쌍한 영혼의 구원을 위해 살고 죽게 하소서.

오, 하나님 아버지, 제가 들어오나 나가나 복을 받게 하시고, 저의 모든 언행심사로 아버지의 이름을 영화롭게 하며, 다른 사람들을 유익하게 하는 오늘 하루가 되게 해주소서. 그래서 마지막 날 아버지 앞에 가서 계산할 때 저의 양심이 편안할 수 있게 해주소서.

오, 하나님 아버지, 아버지의 아들 예수 그리스도의 이름으로 간구하오니 허락해 주소서. 복되신 예수 그리스도의 이름으로 아버지께 영광을 돌리며, 그리스도께서 친히 가르쳐주신 다음과 같은 기도로 제게 필요한 다른 모든 은혜도 내려주시기를 간구합니다. '하늘에 계신 우리 아버지, 아버지의 이름을 거룩하게 하시며……. 아멘.'"

chapter
7

일평생 하나님과 동행하기

평생 동안 하나님과 동행하며 살아가는 경건한 그리스도인이 되기 위해서는 반드시 다스려야 할 것들이 있습니다. 그것은 곧 우리의 생각과 말과 행동입니다. 우리는 성령의 도우심으로 경건한 삶을 향해 한 걸음 한 걸음 나아갈 수 있습니다.

하루를 기도로 시작한 후에는 하루 종일 자신의 언행심사를 지극히 조심해야 합니다. 이때는 성령의 도우심을 힘입어 다음과 같은 몇 가지 규칙을 염두에 두면 좀 더 수월할 것입니다.

생각 다스리기

악은 모양이라도 버리라

어떤 악이든 악한 생각이 떠오를 때 아예 억눌러버리십시오. 바벨론의 자녀들인 악은 아직 어릴 때 돌로 쳐버려야 합니다. 독사의 알은 독사가 되지 못하도록 아직 알일 때 밟아버려야 합니다. 죄는 마음에 주리를 틀고 앉기 전에 쫓아내야 합니다. 죄를 습관적으로 범할 경우 양심이 마비되어 점점 더 뻔뻔스러운 죄인이 되고, 결국에는 아무도 존중하지 않을 뿐 아니라 하나님도 두려워하지 않게 됩니다. 따라서 이렇게 되지 않도록 같은 죄를 번번이 짓지 않도록 조심하십시오.

보다 의미 있는 일을 생각하라

스스로 할 수 없는 일, 또 설사 가능한 일일지라도 아무 유익이 없는 것들을 쓸데없이 공상하지 않도록 조심하십시오. 오히려 결국에는 정죄받을 세상의 허망함과 반드시 찾아올 사망과 피해야 할 심판 및 지옥과 간절히 사모해야 할 천국에 대해 생각하십시오.

욕망을 부인하라

모든 욕망으로 마음을 채우지 말고 오히려 그런 욕망들을 부인하는 법을 배우십시오. 물론 이는 우리의 본성이 기뻐하지 않을 것입니다. 만일 우리가 우리의 욕망에 따라 그 모든 것을 얻는다면 사람들은 우리가 고백하는 기독교 신앙을 경멸하거나, 또는 우리를 증오할 것입니다. 그러므로 모든 일에 있어서 행동으로 옮기기 전에 먼저 결국을 생각하고 행동하십시오.

자신의 비참함과 하나님의 긍휼을 묵상하라

불신앙과 자기 사랑, 하나님의 법을 고의로 어기는 것 등으로 인한 스스로의 비참함을 날마다 좀 더 많이 보려고 노력하십시오. 그리고 그리스도의 고난 속에 나타난 하나님의 긍휼이 얼마나 절대적으로 필요한지도 깨달으려고 노력하십시오. 그래서 만일 누군가가 우리에게 "이 땅에서 가장 악한 피조물이 무엇입니까?" 하고 묻거든 서슴없이 "제가 바로 가장 악한 피조물입니다. 왜냐하면 저는 큰 죄를 지은 죄인이기 때문입니다"라고 대답하십시오. 또 "이 세상에서 가장 귀한 것이 무엇입니까?" 하는 질문에는 "저의 죄를 말끔히 씻기 위해 흘려진 그리스도의 피입니다"라고 서슴없이 대답하십시오.

그리스도의 참된 종임을 증명하라

영혼의 구원을 소중히 여겨 어떤 죄도 고의적으로, 습관적으로 짓지 않도록 조심하십시오. 하나님의 말씀과 성례전을 자주 활용하는 것 등의 일반적인 부르심뿐 아니라 모든 알려진 죄를 단호히 피하는 것 등의 특별한 부르심에 있어서도 그리스도의 참된 종임을 증명하십시오. 왜냐하면 참 믿음과 죄 짓는 것은 결코 병행될 수 없기 때문입니다.

그리고 모세의 율법에 따라 온 마음을 다해 하나님을 섬겼던 요시야처럼, 주의 모든 계명과 규례대로 흠 없이 행했던 사가랴와 엘리사벳처럼 하나님의 모든 계명에 복종할 것을 단호히 결심하십시오.

그러나 어느 때든 연약해져 죄를 짓게 되거든 그 죄에 주저앉아 있지 말고 참 마음으로 회개한 후 그 죄에서 속히 떠나십시오. 그리고 양심이 평안해질 때까지, 죄에 대한 증오심이 점점 더 커질 때까지, 자기 개선의 목적이 이루어질 때까지 하나님의 용서를 구하며 기도하십시오.

인기에 영합하지 말라

사람들에게 아첨함으로써 인기를 얻지 않도록 조심하십시오.

그 결국이 결코 선하지 못하기 때문입니다. 그러므로 지혜롭게 잘 처신하여 인기가 오히려 경멸보다 더 위험한 것이 되지 않도록 조심하십시오. 이 세상 나라들은 무가치하다고 생각되는 사람들은 계속 비난하고 억압하는 한편, 위대하다고 생각되는 사람들은 시기 질투하며 제거하려는 소욕을 갖고 있습니다. 이 사실을 명심하고 사람들로부터의 인기를 무시하지도 않지만 그것에 의해 영향을 받지도 않는 지혜로운 사람이 되십시오.

아울러 항상 불만스러운 상태에 머물러 있지 않도록 조심하십시오. 불만은 우리가 의식하는 것보다 더 많은 고통의 원인이 될 수 있습니다. 많은 축복을 누리지만 그 가운데 약간의 십자가를 지는 것이야말로 하나님의 특별한 자비입니다. 하나님은 그분의 자녀인 우리가 부족해서 절망하는 일이 없게 하시려고 많은 축복을 주시는 한편, 너무 많은 번영으로 교만해지는 일이 없게 하시려고 약간의 십자가를 겸하여 주십니다.

그러므로 유명해지기보다는 유능한 자가 되고자 애쓰십시오. 그리고 자신의 행위가 스스로를 파멸시키는 원인이 되지 않도록 무슨 일을 하든 항상 하나님의 뜻을 염두에 두고 하십시오. 진실로 하나님과 스스로를 알 수 있도록 이 땅에 사는 동안 세상에서 가장 적게 알려진 자가 실은 가장 행복한 자입니다.

따라서 우리가 불만스러워하는 십자가가 무엇이든 우리의 죄에 비하면 아무것도 아니라는 사실을 기억하고 그리스도를 최고의 기쁨으로, 죄를 가장 슬퍼해야 할 대상으로 간주하십시오. 어떤 부족도 은혜의 부족보다 더 높이 평가하지 말고, 어떤 상실도 하나님의 사랑을 상실하는 것보다 더 높이 평가하지 마십시오. 그러면 외적인 수단들에 대한 불만족으로 인해 마음이 흔들리는 일이 줄어들 것입니다. 아울러 사탄이 마음속에 불만거리를 생각나게 할 때마다 사도 바울의 다음과 같은 말씀을 기억하십시오.

"우리가 세상에 아무것도 가지고 온 것이 없으매
또한 아무것도 가지고 가지 못하리니
우리가 먹을 것과 입을 것이 있은즉 족한 줄로 알 것이니라
부하려 하는 자들은 시험과 올무와
여러 가지 어리석고 해로운 욕심에 떨어지나니
곧 사람으로 파멸과 멸망에 빠지게 하는 것이라"(딤전 6:7-9).

또한 현인 아굴처럼 이렇게 기도하십시오.

"나를 가난하게도 마옵시고 부하게도 마옵시고
오직 필요한 양식으로 나를 먹이시옵소서
혹 내가 배불러서 하나님을 모른다 여호와가 누구냐 할까 하오며

혹 내가 가난하여 도둑질하고
내 하나님의 이름을 욕되게 할까 두려워함이니이다"(잠 30:8-9).

하나님 나라를 생각하라

이 세상 것들에 대해서는 의무상 반드시 해야 할 것 외에는 더 이상 신경 쓰지 마십시오. 그리고 하늘나라에 속한 것들에 대해 훨씬 더 많은 신경을 쓰십시오.

아울러 하나님의 이름을 욕되게 한 것을 우리가 받는 어떤 해악보다 더 슬퍼하십시오. 해를 당할 경우에는 그리스도인답게 인내심을 가지고 잘 참으십시오. 결백한 사람은 절대 부당한 대우를 받지 않습니다. 설사 잠시 잠깐 부당한 대우를 받는다 해도 그 십자가를 잘 참고 견디면 결국에는 그것을 극복하게 될 것입니다.

만일 그 사이에 우리의 선한 이름에 먹칠이 가해지면 그 또한 인내심을 가지고 잘 참으시기 바랍니다. 왜냐하면 마지막 날 우리의 몸이 부활할 때 하나님이 우리의 명예 또한 회복시켜주실 것이기 때문입니다.

만일 그 부당한 대우를 참지 못하고 안달을 부리며 짜증을 낸다면 원수가 우리에게 가하는 상처보다 우리가 스스로에게 가하는 상처가 더 클 것입니다. 사실 부당한 대우 때문에 우리가 내는 짜증과 안달보다 우리의 원수를 기쁘게 하는 것도 없습니다.

우리가 이 땅에서 인내하면 하나님이 하늘로부터 그분의 공의를 나타내실 것입니다. 따라서 원수를 위해 기도하십시오. 만일 우리가 정말 착한 사람이라면 가장 악한 원수가 착한 사람으로 변하는 것을 보며 진심으로 기뻐하게 될 것입니다. 그러나 만일 그가 여전히 악독을 부리며 나쁜 짓을 저지른다면 예레미야처럼 다음과 같은 기도로 온 하늘과 온 땅의 의로운 재판관이신 하나님께 억울함을 하소연하십시오.

> "공의로 판단하시며 사람의 마음을 감찰하시는 만군의 여호와여
> 나의 원통함을 주께 아뢰었사오니
> 그들에게 대한 주의 보복을 내가 보리이다"(렘 11:20).

그러는 사이에 다윗처럼 주를 기다리며 용기를 잃지 마십시오. 때가 되면 주께서 우리의 마음을 위로해 주실 것입니다.

겸손하며 늘 조심하라

다른 사람들이 우리의 훌륭한 행위를 보고 칭찬하면 할수록 더욱 겸손해져야 합니다. 사람들의 헛된 칭찬을 너무 좋아하지

마십시오. 동정녀 마리아는 천사의 칭찬을 받았을 때 심히 곤혹스러워했습니다. 이 땅에서 사람의 칭찬을 피하는 자들은 천국에서 천사들의 칭찬을 받을 것입니다. 또 스스로를 칭찬할 필요도 없습니다. 다만 올바르게 처신하십시오. 그러면 다른 사람들이 우리를 칭찬할 것입니다(시 49:18). 다른 사람들이 하는 일에 대해 지나친 호기심을 갖지 말고 그들에게 잘못을 저지르지 않도록 늘 조심해서 행동하십시오.

작은 죄에도 애통하라

어떤 죄도 가볍게 여기지 마십시오. 가장 작은 죄로 인해 하나님의 저주가 임하기 때문입니다. 만일 하나님의 아들이 우리를 위해 십자가에 못 박혀 돌아가시지 않았다면 바로 그 가장 작은 죄로 인해 우리는 정죄를 받았을 것입니다. 따라서 자신의 상태가 얼마나 비참한지 깨닫고 애통하며 기회가 있을 때마다 우리가 살고 있는 이 시대의 불법으로 인해 애통하십시오(겔 9:4; 시 69:9-10; 막 3:5). 그 불법을 고쳐주시기를 기도하되 우리가 그것을 더 악화시키는 자 중에 하나가 되지 않도록 조심하십시오.

하루를 살더라도 경건하게 살라

이생의 짧음과 반드시 죽을 목숨에 대해 자주 생각하며 오래 살기보다는 선한 삶을 살고자 애쓰십시오. 사슴이나 까마귀로 오랫동안 사는 것보다 하루를 살더라도 인간으로 태어나 사는 것이 더 낫듯이, 한평생 불결하고 더럽게 사는 것보다 하루를 살더라도 경건하게 사는 것이 훨씬 더 귀합니다.

따라서 매일 한 번씩 날 수를 계산하십시오. 이미 지나간 날들은 지난밤 꿈처럼 사라졌으니 날 수에서 빼고, 앞으로 올 날들은 그 날 수보다 줄여서 계산하십시오. 왜냐하면 그중 반은 잠으로 허비될 것이요, 그 나머지는 이 세상 염려와 곤란, 질병 및 친구들의 사망 등으로 불편하게 지낼 테니까 말입니다. 오직 오늘 하루만 우리의 날로 간주하고 마치 오늘이 마지막 날인 양 그렇게 경건하게 사십시오.

말 다스리기

말에 책임을 지라

우리가 한 모든 무익한 말에 대해 책임을 져야 한다는 사실과 아무리 지혜로운 사람이라도 말이 많으면 실수하기 마련이라는 사실을 기억하십시오. 따라서 위로를 주는 일은 거의 없고 번번이 회개해야 할 원인만 제공하는 무익하고 장황한 모든 말을 피해야 합니다. 특히 생각 없이 성급히 내뱉는 대답들을 조심하십시오. 말이란 자기 마음속에 간직하고 있는 동안에는 자기 것이지만 일단 입으로 내뱉고 나면 즉시 다른 사람의 것이 됩니다. 하지 말았어야 할 말을 한 뒤 나중에 그로 인해 스스로 부끄러워 낯을 들 수 없을 때가 얼마나 많았습니까!

그러므로 되도록 말을 조금만 하되, 우리가 하려는 말이 상대방에게 과연 합당한지 먼저 생각한 후에 하십시오. 참말이라고 생각되는 말만 하고 그 이상은 하지 말며, 해가 되는 말이나 무익한 말을 하려면 차라리 입을 다물고 있는 편이 낫습니다.

정직한 말만 하라

마음으로는 항상 정직하고 진실한 것만 생각하고, 혀로는 항상 정직하고 진실한 말만 하십시오. 만일 다른 사람 가운데 속임수나 거짓이 있으면 그것을 미워하되, 혹시 우리 안에서 발견된 경우 그것을 혐오하고 증오하십시오. 그렇지 않으면 하나님이 그로 인해 우리를 싫어하실 것입니다. 하나님은 거짓말쟁이의 아버지인 마귀를 미워하시듯 거짓말쟁이 또한 미워하십니다.

만일 사람들이 우리 안에서 "결단코 거짓말하지 않겠다"는 결심을 보지 못한다면, 설사 우리가 진리를 말할지라도 아무도 그 말을 믿지 않을 것입니다. 그러나 우리가 진리를 사랑한다면 거짓말쟁이의 맹세보다 우리의 말을 더 믿을 것입니다. 거짓말을 밥 먹듯 하는 사람은 사탄에게 사로잡혀 있습니다. 따라서 거짓말을 함으로써 자기에게 돌아오는 유익이 하나도 없고, 거짓말을 하도록 강요당하지 않았는데도 불구하고 습관적으로 거짓말을 합니다.

분노의 원인이 사라지면 더 이상 분노를 마음에 품지 마십시오. 그리고 원치 않게 불법을 행하는 자와 고의적으로 불법을 행하는 자를 항상 구분하되 전자는 불쌍히 여기고, 후자는 하나님의 공의에 맡기십시오.

순결하고 진실되게 말하라

음식물을 모든 독으로부터 깨끗이 보존하듯 우리의 말 또한 모든 불결함으로부터 깨끗이 보존해야 합니다. 말을 하되 은혜롭고 고르게 하고, 신앙에 대해 말할 때는 항상 더 진실되게 말하십시오.

자신이 잘못했다고 생각되거든 가만히 있지 말고 기꺼이 진실을 밝혀내 그 진실을 확대시키십시오. 이를 위해서는 잘 이해하는 법, 잘 말하는 법, 잘 행하는 법을 배울 필요가 있습니다.

하나님의 자녀들을 만날 때는 그들로부터 거룩한 유익을 얻으십시오. 할 수 있는 한 그들로부터 모든 선을 배우고, 우리가 알고 있는 모든 선한 것을 그들과 함께 나누십시오. 다른 사람들에게 선을 많이 가르치면 가르칠수록 하나님이 우리에게 더욱더 많은 가르침을 주실 것입니다. 사람의 재능은 많이 사용하면 할수록 그 재능이 줄어들고 사라지는 반면, 하나님의 은사는 많이 사용하면 할수록 더욱더 성장 발전되기 때문입니다. 마치 사렙다 과부의 기름병이 계속 새로운 그릇을 채웠던 것처럼 말입니다.

비밀을 지키라

다른 사람의 말을 다 믿지 말고, 또한 그 말을 다른 사람에게 옮기지 않도록 조심하십시오. 그렇지 않으면 진실한 친구를 오래 사귀지 못할 것이요, 또한 큰 곤경에 빠질 것입니다. 다른 사람을 비난할 때는 우선 사실부터 확인하십시오. 그리고 정직한 마음을 소중히 여기는 만큼, 친구라면 우정으로 인해 오랫동안 비밀로 해두었을 사실을 증오심으로 인해 누설하는 일이 없도록 조심하십시오. 뜻밖에 일어날 어려움을 생각해 다음 두 가지를 명심하는 게 좋습니다.

첫째, 아무리 많은 사람들을 알고 지내더라도 그중에서 진실로 하나님을 두려워하는 사람 외에는 아무도 친한 친구로 삼지 마십시오. 진실로 하나님을 두려워하는 사람은 절대 두려워할 필요가 없습니다. 어떤 부분에 있어서 서로 사이가 나빠진다 해도 우정의 주된 기반인 그리스도의 사랑은 결코 떨어져나가지 않기 때문입니다. 또한 하나님을 두려워하기 때문에 우리에게 어떤 악도 행하지 않을 것입니다.

둘째, 친구 앞에서 비밀이 보장되지 않는 한 자신의 안전이 위협받을 수 있는 일은 아무것도 하지 마십시오. 또 만일 친구가 아무런 이유 없이 원수가 될 경우, 그를 두려워하게 될 만한 일은 아무것도 하지 마십시오. 만일 잘못한 일이 있으면 하나님의 용서를 구하고 그 친구보다 먼저 우리가 잠자코 있어야 합니다.

만일 우정이 하나님을 믿는 참 신앙 이외에 다른 어떤 것에 근거하고 있다면, 그 기초가 무너질 경우 우정도 무너진다는 사실을 분명히 알아야 합니다. 하나님은 우리가 서로에게 선을 행하며 살 수 있도록 인간들 사이에 진리와 평화와 우정을 뿌려주시지만, 마귀는 가장 친한 친구끼리도 서로 삼키게 하려고 매일 거짓과 불화와 미움을 뿌리고 다닙니다.

오직 여호와 안에서 웃으라

다른 사람의 결함이나 결점을 절대 조롱하지 말고, 오히려 스스로의 결점을 기억하십시오. 일단 야릇한 조롱조의 농담을 생각해내면 그것을 말하지 않고는 못 배기는 사람들을 피하십시오. 그들의 천박한 잔꾀를 혐오하십시오. 그들은 가장 가까운 친구를 잃게 되더라도 그 악한 농담을 즐길 것입니다.

만일 웃고 즐기고 싶은 마음이 들거든 다음 세 가지에 특별히 유의하십시오(빌 4:4; 잠 23:17). 첫째, 우리의 유쾌한 웃음이 참된 신앙에 반(反)하는 웃음이 되지 않게 해야 합니다. 둘째, 사랑에 반(反)하는 즐거움이 되지 않게 해야 합니다. 셋째, 오직 여호와 안에서 웃어야 합니다.

아무도 미워하지 말라

원수가 넘어지는 것을 보고 기뻐하지 마십시오. 우리의 마지막이 어떻게 될지 모르기 때문입니다. 사특한 자가 벌받는 것을 보고 기뻐하기보다 그가 잘못을 고치는 것을 보고 더 기뻐하십시오.

아무도 미워하지 마십시오. 그리스도께서 그를 사랑하시기 때문입니다. 그리스도께서 기뻐하시는 자를 우리가 미워한다면 주님은 그것을 선하다 하지 않으실 것입니다. 그리스도께서는 우리가 그분의 원수였을 때 우리를 사랑하셨습니다. 따라서 우리가 그분의 피의 공로를 힘입어 그리스도를 위해 원수를 사랑할 것을 요구하십니다. 즉 우리가 그리스도께 진 빚인 1만 달란트를 탕감해 주시면서 다른 사람이 우리에게 진 빚인 100데나리온을 탕감해 주라고 하시는 것입니다.

전능하신 하나님의 무한한 용서와 비교할 때 우리의 용서는 아주 보잘것없습니다. 설사 원수가 우리의 용서를 받을 만한 가치가 없다 할지라도 그리스도께서는 우리의 순종을 받으실 만한 가치가 있으십니다. 따라서 그리스도께 순종하는 마음으로 원수를 용서해야 합니다.

담대히 진리를 말하라

하나님의 영광과 이웃의 유익을 위해 필요하다면 사람의 얼굴을 두려워하지 말고 담대히 진리를 말해야 합니다. 때로는 이 세상 왕의 얼굴을 찡그리게 하는 것이 하나님을 기쁘시게 해드리는 일일 수 있습니다. 아첨의 말이 결국에는 진실이 아님이 드러나듯, 진리의 말 역시 결국에는 진실임이 드러날 것입니다.

비난을 받아들이라

우리의 결점에 대해 은밀히, 그러나 아주 분명하게 말해 주는 사람을 항상 진실한 친구로 여기십시오. 우리가 죄 짓는 것을 보고도 그 잘못을 지적해 주지 않는 자는 우리의 호의를 얻기 위해 아첨하는 것이거나 우리의 기분을 상하게 할까 봐 두려워서 말하지 못하는 것입니다.

훈계가 필요할 때 훈계해 주는 이가 아무도 없는 사람처럼 비참한 사람도 없습니다. 그것이 정당하든 부당하든, 또 친구의 입을 통해 오든, 원수의 입을 통해 오든 비난이나 힐책은 지혜로운 사람을 절대 해치지 않습니다.

만일 비난이 참말이라면 잘못을 고치라는 경고를 받은 셈이요, 거짓이라면 무엇을 피해야 할지에 대한 예고를 받은 셈이기 때문입니다. 따라서 비난은 모든 면에서 지혜로운 자를 더 낫게 만들고 방심하지 않게 만듭니다. 그러나 만일 비난을 도저히 참을 수 없다면 비난받을 행동을 절대 하지 마십시오.

하나님의 존전에서 말하라

하나님에 대해 말할 때는 두려움과 경외심을 가지고 말하되 하나님의 존전에서, 하나님이 보고 들으시는 가운데 말하듯 하십시오(신 28:58). 우리는 감히 하나님의 거룩하신 이름을 입에 담을 가치조차 없는 존재라는 사실을 명심해야 합니다. 아울러 그분에 대해 말할 때는 그 이름을 헛되이 남용하는 일이 없도록 더더욱 조심해야 합니다. 하나님의 이름을 헛되이, 성급하게, 또는 거짓 맹세로 예사롭게 사용하는 것은 곧 그 영혼이 하나님을 진실로 두려워해 본 적이 없다는 확실한 증거입니다.

따라서 감정이 격해질지도 모를 어떤 문제에 있어서 하나님에 대해 말해야 할 때는 다윗처럼 이렇게 기도하십시오.

> "여호와여 내 입에 파수꾼을 세우시고
> 내 입술의 문을 지키소서"(시 141:3).

신실하게 말하라

다른 사람을 칭찬할 때는 조심해서 하고(벧전 5:12), 인사할 때는 공손하게(롬 12:10), 훈계할 때는 부드럽게(살전 5:26; 살후 3:5; 레 19:17), 용서할 때는 자비롭게, 약속할 때는 신실하게(시 15:4) 하십시오. 그리고 선한 봉사에 대해 보상해 줄 때는 무슨 선심이라도 쓰듯 인색하게 하지 말고 그가 행한 덕행을 진심으로 칭찬하며 풍성히 보상해 주십시오(신 15:13-14).

행동 다스리기

선을 행하라

악을 행할 능력이 있다 할지라도 악은 절대 행하지 마십시오. 하나님은 아주 사소한 죄도 간과하지 않으시기 때문에 쓰라린 회개 없이는 그 형벌을 면하지 못할 것입니다. 우리가 할 수 있는 선은 절대 놓치지 말고 행하십시오. 그러나 하나님의 말씀에 비추어 합당한 일이라는(삼상 30:8) 사실을 확신하기 전에는 (그것이 우리의 부르심에 해당되는 일이든, 해당되지 않는 일이든) 아무것도 하지 않는 편이 좋습니다.

하나님의 뜻이라는 확신을 얻은 후에는 먼저 우리가 할 수고에 대해 하나님의 축복을 구하고, 하나님께 그 일의 성공 여부를 맡긴 다음, 하나님의 이름으로 기쁘게 행하십시오. 그것이 만일 하나님의 영광을 위한 일이라면 하나님이 그분의 은혜로 축복해 주실 것입니다.

은밀한 죄를 두려워하라

악한 일을 하려는 유혹에 빠질 경우 사탄이 역사하고 있다는 사실을 기억하고 하나님의 자녀로서 노예처럼 사탄의 천한 도구가 되지 않도록 조심해야 합니다. 우리는 악을 행하게 만드는 자를 혐오해야 합니다. 우리의 양심에 다음 두 가지 질문을 던져 보십시오.

"다른 사람이 내게 이렇게 한다면(마 7:12) 과연 어떨까?" "내 양심과 지식에 반하여 이 악한 일을 행함으로 죄를 저질러 그리스도를 대적한다면, 마지막 날 그리스도와 계산할 때(눅 16:2; 고후 6:2, 5:10) 그분의 질문에 뭐라고 답할 것인가?"

요셉처럼 비록 아무도 보는 이가 없을지라도 하나님이 모든 것을 보고 계신다는 사실을 기억하십시오(창 39:9, 11 이하). 사람들의 눈에 분명히 드러나는 죄뿐 아니라 하나님만 보시는 은밀한 죄에서도 도망치기 바랍니다. 하나님은 공의로운 분이시므로 만일 우리가 속히 회개하지 않으면 다윗의 죄를 대낮에 온 이스라엘 앞에 공개하셨던 것처럼(삼하 12:12) 우리의 은밀한 죄들을 만천하에 공개하실 것입니다. 따라서 공개적인 수치를 두려워하는 만큼 은밀한 죄를 두려워하십시오(눅 8:17, 12:2).

전반적으로 모든 죄를 피하고, 우리의 부패한 본성이 찬성하는(잠 5:8, 6:27) 특정한 죄도 짓지 않도록 조심하십시오. 간교한 마귀는 많은 죄로 사람의 영혼을 꽉 움켜쥐고 있듯이, 한 가지 죄만으로도 우리를 꽉 움켜쥘 수 있습니다. 아울러 죄를 피하는 것만큼 죄 지을 여건 또한 피하도록 유의하십시오.

하나님의 섭리를 믿으라

선을 행할 때 비록 선을 행할 수단이 부족하거나 미약할지라도 하나님의 섭리를 의심하지 말아야 합니다(삿 7:7). 그리고 수단이 제공될 경우 먼저 그것이 정당한지 확인한 다음에 행동해야 합니다. 또한 그것이 정당한 수단이라 할지라도 하나님보다 그것을 더 의지하는 일이 없도록 조심해야 합니다.

부르심에 합당한 모든 노력과 수고는 하나님이 그분의 자녀들에게 외적인 것들을 축복하시기 위해 사용하시는 일반적 수단이기도 합니다. 따라서 하나님이 주신 그 방편 위에 그분의 축복이 임하도록 기도하십시오.

이 세상에서 하는 일들에 대해서는 천상의 마음을 품으십시오. 즉 최선을 다해 수고하되 그 일의 성사 여부를 모든 것을 미리 정하시는 전능하신 하나님의 지혜에 맡기고, 하나님이 저주하신 수단을 이용해 성공할 생각은 꿈에도 하지 마십시오. 세상적으로 아무리 많은 유익을 얻는다 해도 영혼을 잃어버리면 아무 소용도 없다는 사실을 명심해야 합니다(마 16:26). 따라서 행동이나 수단이나 수고나 무엇에든지 바울처럼 하나님과 사람에 대하여 항상 양심에 거리낌이 없도록 힘써야 합니다(행 24:16).

우리는 과연 어떤 양심을 갖고 있는지 자신을 돌아보기 바랍니다. 양심이 사람을 정죄하기도 하고 구원하기도 하기 때문입니다.

원수를 두려워하지 말라

모든 선한 것을 사랑하되 오직 하나님만을 위해 사랑하십시오. 하나님이 우리의 친구이신 동안에는 원수를 두려워할 필요가 없습니다(시 118:6-7; 롬 8:31; 잠 16:7). 하나님이 원수로 하여금 우리의 친구가 되게 하시든지, 아니면 우리를 해치지 못하도록 그를 억제하실 것이기 때문입니다(창 32:3 이하, 31:7). 죄의 지배를 받음으로써 하나님께 버림받지 않는 한(민 14:42-43 이하) 우리는 원수에게 패하지 않습니다.

따라서 원수들을 두려워하지 않고 하나님의 은혜 안에서 안전히 살기를 원한다면(시 37:11-13) 지난날의 어리석음을 진실로 회개하고, 현재의 시간을 경건하게 열심히 살며, 미래의 시간을 위해 신중히 준비하는 것이 좋습니다.

합당하게 존중하라

모든 사람을 존중하되, 그 위치에 합당한 예우에 따라 존중해야 합니다. 그의 위대함보다는 그의 선함을 더 존중하십시오. 누구에게 은혜를 입었거든 그에게 감사하는 일을 잊지 마십시오. 즉 은혜를 입은 사람에게 고마움을 표시하고 그를 위해 진심으로 기도해 주십시오. 하나님께로부터 받은 모든 축복에 대해서는 하나님의 영원하신 사랑의 증거로, 경건한 삶에 박차를 가하라는 격려로 간주하면 됩니다.

영적 은사를 자랑하지 말라

세상의 외적인 것들에 대해서나 내적으로 받은 영적 은사에 대해 자랑하지 마십시오. 그 이유는 다음과 같습니다. 즉 세상의 외적인 것들의 경우 그것이 최근 우리를 찾아왔듯 얼마 안 있어 우리를 떠날 것이기 때문이요(따라서 그것들을 잃어버렸다고 해서 너무 슬퍼하지 말아야 합니다), 내적으로 받은 영적 은사의 경우 하나님이 그것을 우리에게 주셨듯 그것을 취해 가실 것이기 때문입니다.

만일 은사를 주신 분을 망각한 채 당연히 받을 것을 받았다는 듯 교만한 마음에 (전능하신 하나님이 바로 그들을 위해 사용하라고 은사를 주셨음에도 불구하고) 다른 사람들을 경멸하고 받은 은사를 남용한다면 하나님이 그 은사를 거두어 가실 것입니다.

혹시 우리에게 그처럼 자기기만에 빠질 만큼 훌륭한 덕이 있습니까? 그렇다면 스스로 보기에도 악한 그 모든 악덕에 대해 한번 생각해 보십시오.

우리의 얼굴을 보는 사람들 앞에서 바르게 행하듯, 우리의 마음을 보시는 하나님 앞에서도 바르게 행하기 바랍니다. 사람들이 우리를 아무리 좋게 평하더라도 양심상 그런 좋은 평판을 받을 자격이 없다고 생각되거든, 그래서 그중 어느 하나도 내 것이라 주장할 수 없다고 생각되거든 그 평판에 만족하지 마십시오.

사실 경건함으로 인해 받는 좋은 평판 외에는 어떤 평판도 오래가지 못하고 가치도 없습니다. 나는 그동안 성경 어디에서도 위선자가 회개했다는 글을 읽어보지 못했습니다. 그도 그럴 것이 다른 모든 죄인의 경우 죄를 저지른 후 그 죄로부터 구원받을 수 있는 방편으로 회개가 남아 있지만, 위선자는 회개 자체를 죄로 바꾸어버렸으니 그에게 무슨 방편이 남아 있겠습니까? 실제로는 경건하지 않으면서 경건한 척하는 사람에게는 화가 있을 것입니다.

경건한 사람을 본받으라

극악무도한 자들의 두려운 종말을 보고 그들의 악행을 혐오하십시오. 그리고 경건한 사람의 삶을 보며 그것을 모방하고 그의 복된 종말을 보며 위로를 얻으십시오(민 23:10; 시 37:35-37).

우리보다 훌륭한 사람들에게 복종하고, 지혜로운 사람들을 잘 관찰하고, 정직한 사람들과 함께 다니고, 경건한 사람들을 사랑해야 합니다. 인간의 타락한 본성은 위선에 빠지기 쉽다는 사실을 기억하고, 종교적 의식이나 예배를 드릴 때 더 거룩하고 경건해지겠다는 마음이 없이 습관적으로나 형식적으로 드리는 일이 없도록 조심해야 합니다.

하나님이 주신 방편들을 끊임없이 활용함으로써 특별히 타락한 부분들을 약화시키고 우리의 성화를 점점 더 증진시키십시오. 그리고 마음을 꿰뚫어보시는 하나님이 보시기에 우리의 마음이 실제보다 세상에서 더 거룩하게 보이는 일이 없도록 조심하십시오(사 51:5-6; 마 23:27-28).

사랑으로 다스리라

아랫사람들을 두려움과 협박으로 다스리지 말고 사랑으로 다스리도록 애쓰십시오. 사랑으로 다스리는 것은 쉽고 안전하지만, 횡포로 다스리는 것은 항상 공포와 염려를 자아냅니다. 사람은 억압을 당하면 어떻게 해서든지 자신이 질 수 없는 그 멍에를 떨쳐버리려 하기 마련입니다. 하나님의 공의 또한 횡포로 다스리는 지배를 계속 참아 보지 않을 것입니다.

인간적으로 볼 때는 그들이 우리를 섬기고 있지만 실은 하나님의 종이라는 사실을 기억해야 합니다(벧전 2:13). 그리스도인인 그들은 우리의 종이 아니라, 주 안에서 사랑하는 형제인 것입니다(몬 16절; 고전 9:5). 따라서 우리의 주인이신 그리스도께서 하신 것처럼 그들을 사랑과 긍휼로 다스려야 합니다.

공의를 바로 집행하라

공의를 바로 집행하는 것보다 이 땅의 주관자를 더 하나님의 대리인답게 만드는 일은 없습니다. 따라서 다음의 내용들을 마땅히 행해야 합니다.

첫째, 부당한 처사에 대한 공정한 불평들에 대해 항상 귀를 여십시오.

둘째, 한쪽 귀로는 비난하는 자의 소리를 듣고, 나머지 한쪽 귀로는 비난받는 자의 소리를 들으십시오. 쌍방을 다 듣기 전에 어느 한쪽을 위해 법령을 정하면, 설사 그 법이 공의롭다 할지라도 그 자신은 공의롭다 할 수 없기 때문입니다.

셋째, 쌍방의 말을 들을 때는 자신이 좋아하는 편을 두둔하지 말고, 자신이 싫어하는 편을 부당하게 대우하지 마십시오. 원수의 송사를 듣기 전에 친구의 송사부터 믿는 일은 피해야 합니다.

넷째, 가장 미천한 자에게 공의를 부인하지 마십시오. 오히려 가장 미천하고 가난한 자들의 소송을 권세 좋고 부유한 자들의 소송과 동등하게 다뤄야 합니다. 만일 어떤 소송에서 한편은 아주 교활하여 항상 이득을 취하며 자기 변호에 뛰어날 뿐 아니라 자기 입장을 효과적으로 제시할 줄 아는 높은 산이요, 다른 한편은 가진 것이라고는 아무것도 없는 가난하고 무지한 낮은 계곡이라면 어떻게 하겠습니까? 이때는 하나님이 하신 것과 같이 낮은 계곡을 돋우고 높은 산을 낮춤으로써 (눅 3:4-5; 사 40:3) 불공평을 균등케 하는 재판을 해야 합니다. 판결의 기초가 평등한 기반 위에 설 수 있게 해야 합니다.

고소인과 피고인 사이의 잘잘못을 가리는 문제에 대해서는 "그의 이웃의 경계표를 옮기는 자는 저주를 받을 것이라"(신 27:17)는 두려운 말씀을 기억하며, 법을 만드는 자가 되지 말고(대하 19:10) 이미 있는 법에 따라 그 송사에 합당한 법을 양심껏 선포하십시오.

생사가 걸린 재판에서는 재판관들이 엘로힘처럼 자비롭게 판결을 선고해야 할 것입니다. 즉 악행 자체는 준엄한 공의의 눈으로 바라보되, 악을 행한 범인은 삶을 개선할 여지가 조금이라도 엿보이면 생명을 살려주려고 애쓰면서 불쌍히 여기는 눈으로 바라보아야 합니다. 만일 공의가 온몸의 부패를 막기 위해 범인의 멸망을 요구하고, 몸의 일부로 남아 있기보다 그 썩은 지체를 잘라내기를 요구한다면 공의대로 판결하는 것이 좋습니다.

다른 사람들에게 판결을 선고할 때는 자신도 머잖아 하나님 앞에 가서 판결받게 될 것이라는 사실을 기억하고, 모든 소송을 항상 바르게 판결하십시오. 그렇게 함으로써 하나님 앞에 가서 심판받을 때 이 땅에서 의로운 재판관이었음이 드러나게 하십시오.

왜 그런지 이유는 알 수 없지만 많은 사람들이 이 땅의 법들로 인해 몹시 괴로워하는 것 같습니다. 그러나 지혜로운 사람들은 사도 바울처럼 이렇게 말할지 모릅니다.

> "율법은 사람이 그것을 적법하게만 쓰면
> 선한 것임을 우리는 아노라"(딤전 1:8).

또 뇌물을 받지 않고, 원수들을 두려워하지 않고, 친구들의 호의를 얻으려고 애쓰지도 않으면서, 이 교훈에 따라 양심적으로 판결할 수 있는 재판관이 있다면 그는 정말 의로운 재판관이 될 것입니다.

사실 이런 재판관은 아주 드뭅니다. 이런 존경할 만한 재판관이 있다면 여호사밧 왕처럼 이렇게 권면하고 싶습니다.

> "너희는 힘써 행하라
> 여호와께서 선한 자와 함께하실지로다"(대하 19:11).

오락을 일삼지 말라

이 땅에서 아무리 오랫동안 쾌락을 즐긴다 해도 그것은 순간에 지나지 않지만, 그로 인해 얻게 되는 고통은 영원하다는 사실을 기억하십시오. 따라서 하나님을 기쁘게 섬기고, 우리에게 맡겨진 소명을 다할 수 있도록 몸과 마음을 튼튼하게 해주는 오락만을 즐기십시오(잠 21:17; 빌 4:8). 해야 할 일은 많은데 시간이 얼마 남지 않았습니다. 그리고 각 사람에게 행한 대로 갚아주실 주께서 문 앞에 서 계십니다(계 22:12).

할 일이 얼마나 많이 남아 있으며, 또 이미 지나간 많은 세월 동안 얼마나 게을리 일해 왔는지 한번 생각해 보십시오. 게다가 주인 되신 그리스도께서 오늘 우리를 부르시어 계산하자고 하시면 뭐라고 대답할 것인지 생각해 보십시오(약 5:9). 그러니 이제부터는 마치 계약 만료를 코앞에 둔 사람처럼 얼마 남지 않은 짧은 기간 동안 최선을 다해 일하십시오.

혹시 오락을 즐기고 싶거든 우리에게 주어진 인생이 얼마나 짧은지 먼저 생각해 보십시오. 우리의 일생은 기껏해야 순간에 지나지 않습니다. 그러니 게으름을 부리거나 허망한 것들을 즐기는 대신 최대한 선을 행하는 것이 좋습니다. 사람은 열심을 다해 하나님을 섬기고, 자신의 직업을 통해 이웃을 양심껏 섬기고, 그로 인해 스스로의 영원한 구원을 확실케 하기 위해 창조된 존재입니다.

그러므로 허송세월하는 것을 이 세상에서 가장 큰 상실 중에 하나로 여겨(엡 5:16) 세월을 아끼고 시간을 지혜롭게 사용해야 합니다. 그래서 이 땅의 청지기로 더 이상 살 수 없는 때가 오거든(눅 16:2) 주인의 즐거움에 기쁘게 참여하는 천국에 이르러 주인 되신 그리스도께로부터 "잘하였도다 착하고 충성된 종아"(마 25:21)라는 칭찬을 들을 수 있기를 바랍니다.

The Practice of Piety

chapter 8
하루를 경건하게 마무리하기

하나님의 말씀과 기도를 자물쇠와 열쇠로 삼으십시오. 매일 아침마다 열쇠로 마음 문을 열고, 저녁마다 자물쇠로 마음 문을 잠그십시오. 하루를 하나님께 대한 예배로 시작해서 주께서 기뻐하시는 가운데 마무리하십시오.

저녁 묵상

하루의 일과를 마치고 쉬는 시간인 저녁에는 다음의 몇 가지 사실을 묵상하기 바랍니다.

첫째, 우리에게 주어진 날 수에서(시 90편; 욥 14:5) 하루가 또 지나갔으며, 그만큼 마지막 날이 가까워졌다는 사실을 기억하십시오.

둘째, 잠자리에 들기 전에 잠시 앉아 하루 동안 보고 듣고 읽은 것 중에 혹시 이전에는 알지 못했던 중요하고 인상적인 것이 있었는지 생각해 보십시오. 만일 있었다면 그것을 최대한으로 활용하십시오. 특별히 하루 동안 하나님께나 사람에게나 무슨 죄를 지었는지, 또 어떤 선을 행하지 않고 지나쳤는지 생각해 보고 그 잘못을 회개하십시오. 만일 선을 행했다면 그것을 하나님의 은혜로 인정하며 그분께 영광을 돌리고, 선을 행하지 않았다면 그날은 잃어버린 날로 간주하십시오.

셋째, 스스로의 연약함이나 강한 유혹에 못 이겨 어떤 중한 죄나 잘못을 범했다고 생각되거든 무릎을 꿇고 잘못을 고백하며 간절히 용서를 구하십시오. 그리스도 안에서 하나님과 화목해지기 전에는 잠자리에 들 생각을 하지 말아야 합니다. 이처럼 매일 밤 하루씩 그리스도와 함께 계산하면 심판 날 그분의 위엄 앞에서 마지막 계산할 때 계산할 것이 그만큼 줄어들 것입니다.

넷째, 혹시 누군가와 다투어 사이가 나빠졌다면 해가 지도록 분을 품지 말고(엡 4:26) 양심에 따라 행동하십시오. 즉 양심에 자신이 잘못했다고 생각되거든 잘못을 인정하고 그에게 가서 용서를 구하십시오. 설사 상대방이 잘못했다 해도 먼저 화해를 청하는 것이 좋습니다. 만일 상대방이 화해하려 하지 않거든 진심으로 그를 용서하고(마 5:23) 어떤 경우에든 보복하려 들지 말아야 합니다. 그러면 결국 하나님께 이중으로 죄를 짓는 셈이 되기 때문입니다.

그 이유로 두 가지를 들 수 있습니다. 먼저, 마치 하나님이 공의로우신 분이 아니신 것처럼 하나님의 손에서 공의의 칼을 빼앗아 친히 원수를 갚으려 함으로써(롬 12:19) 죄를 짓게 됩니다. 또한 하나님이 들으시고 책망하시도록 그 사건을 하나님께 맡기는 대신, 스스로의 주인이 되는 것은 물론, 하나님의 종인 상대방의 주인 노릇까지 함으로써 하나님의 권위를 빼앗는 것이니 그 또한 죄입니다.

게다가 우리는 너무 편파적이어서 원수를 공평하게 갚을 수 없습니다. 즉 자신에게 원수를 갚을 때는 너무 가벼운 벌을 내릴 것이요, 상대방에게 원수를 갚을 때는 너무 중한 벌을 내릴 것입니다. 그러기에 원수 갚는 것은 하나님께 속한 일이요, 우리가 할 일은 용서하는 것뿐입니다.

상대방을 정말 용서했다는 증거로 하나님께 그의 잘못을 용서해 주시고 그의 삶을 변화시켜달라고 기도하십시오. 그리고 그런 일이 또다시 일어날 경우 그에게 선을 행하고 그로 인해 기뻐하기 바랍니다. 원수에게 선을 행하는 자는 곧 자신이 하나님의 자녀임을 나타내는 것이요(마 3:9; 롬 12:20), 하늘 아버지께로부터 상급을 받을 것이기 때문입니다.

다섯째, 육신이 푹 처지도록 지나치게 잠을 자지 말고, 곤한 지체와 감각들이 충분한 휴식을 얻고 새 힘을 얻을 수 있도록 적절한 수면을 취하십시오. 충분한 수면은 몸과 정신을 소생시켜 활기차게 해주는 반면, 지나친 수면은 몸을 비대하게 만들고 정신을 둔하게 만들 뿐입니다.

여섯째, 많은 사람들이 잠자리에 든 후 무서운 마지막 나팔 소리를 듣고 깨어날 때까지 그 자리에서 다시 일어나지 못한다는 사실을 기억하십시오. 그러나 기도하는 가운데 잠자리에 들고 기도로 깨어나는 사람은 그리스도와 함께 깨어날 것입니다. 따라서 자신의 구원을 확신하며 안심하고 잠자리에 들고 싶다면, 깨어 있는 동안에는 자신을 하나님의 손에 맡기고, 밤에는 하나님의 위엄과 스스로의 비참함을 생각해야 합니다. 다음과 같은 방법을 따르면 이 사실이 마음속에 어느 정도 새겨질 것입니다.

아침 기도 순서와 같이 성경 한 장을 읽은 다음, 침상 곁이나 기도하기 편한 장소로 가서 무릎을 꿇고, 양손을 높이 들고 두 눈과 마음을 하늘에 계신 아버지께로 향하게 한 다음, 거룩하신 예수 그리스도를 묵상하며, 그리스도의 이름으로 다음과 같은 방법으로 기도하십시오.

- 죄를 고백하되 특히 그날 지은 죄들을 고백하십시오.
- 그리스도의 대속을 기억하사 그 죄들을 용서해 달라고 간절히 구하십시오.
- 삶을 변화시켜달라고 성령의 도우심을 청하십시오.
- 그동안 하나님께 입은 모든 은혜에 감사드리되, 특히 그날 하루 동안 하나님이 지켜주신 것에 대해 감사하십시오.
- 오늘 밤도 편히 쉬게 해주시고 안전하게 보호해 달라고 기도하십시오.
- 교회 및 정부와 그 주관자들, 또 핍박받고 있는 모든 형제자매를 기억하며 그들을 위해 기도하십시오.
- 우리와 우리에게 속한 모든 것을 하나님의 자비로운 보살피심에 의탁하십시오.

이 모든 것을 다음과 같이 기도해도 좋을 것입니다.

저녁 기도

"침상 곁에 계시며 제가 눕고 일어나는 모든 것을 지켜보시는 하나님 아버지, 진리 가운데 행하며 진심으로 아버지를 찾는 모든 자에게 가까이하시는 자비롭고 사랑 많으신 하나님 아버지, 이 악한 죄인이 간구하오니 제 모습 이대로 보지 마시고 긍휼히 여기는 눈길로 보시옵소서. 저는 죄 가운데 잉태되어 불법 가운데 사는 더럽고 불결한 피조물에 지나지 않습니다. 그동안 제가 하나님 앞에서 천국을 대적하며 얼마나 중한 죄를 지었는지 모릅니다. 아버지께서 제 모습 이대로 보신다면 저는 부끄러워 감히 천국을 바라볼 수 없을 것입니다.

하나님 아버지, 그동안 아버지의 모든 계명과 의로운 율례를 어기되, 단순한 태만과 허약함 때문만이 아니라 그러지 말아야 한다는 것을 뻔히 알면서도 고의적으로 어겼습니다. 성령께서 다시 죄를 짓지 않도록 고쳐주시려 했으나 성령의 역사를 무시하며 죄를 범했습니다. 그래서 저 자신의 양심을 상하게 한 것은 물론, 아버지께서 보내사 구속의 날까지 저를 인 치게 하신 성령까지 근심시켜드렸습니다.

아버지는 저의 몸과 영을 성별하사 성령의 전이 되게 하셨건만 이 악한 죄인은 온갖 더럽고 불결한 방식으로 그 영과 몸을 더럽혔습니다. 허망한 것을 바라보며 즐거워함으로써 이 두 눈을 더럽혔고, 순전하지 못하고 사랑스럽지 못한 말을 들음으로써 이 두 귀를 더럽혔으며, 악한 말을 함으로써 이 혀를 더럽혔고, 이 양손에는 감히 부끄러워 아버지께 높이 치켜들 수 없을 정도로 불결함이 가득 차 있습니다. 게다가 이 두 발로는 제가 원하는 길만 쫓아다녔습니다.

저의 명철과 이해는 세상적 모든 일에 대해서는 아주 빨리 돌아가지만 하늘나라의 영적 일들에 대해 묵상하거나 강론할 때는 참으로 더뎌서 잘 깨닫지 못합니다. 모든 선한 기억으로 가득 차 있어야 할 저의 기억력은 오히려 악하고 헛된 것들에 대한 기억들로 가득 차 있습니다.

아버지, 참으로 애통할 일이지만 저의 마음속에 끊임없이 깃드는 생각과 상상들은 모두 악한 것뿐이요, 제가 범한 죄는 제 머리카락 수보다 더 많습니다. 뿐만 아니라 그 죄가 끔찍한 문둥병처럼 무럭무럭 자라 머리끝에서부터 발끝까지 어느 한 군데도 성한 곳이 없을 지경입니다. 제가 보기에도 이렇게 역겹고 더러운데 아버지께서 보시기에는 오죽하겠습니까!

어디 그뿐입니까? 죄를 짓는 것이 습관화되어 이제는 죄의식조차 느끼지 않을 정도입니다. 제 마음이 얼마나 강퍅하고 둔해 졌는지, 아버지께서 아버지의 말씀을 신실하게 가르치는 설교자들을 통해 제 죄를 규탄하시며 심판을 선포하시는데도 두려워하지 않습니다. 진심으로 회개하고 아버지께 돌아가지 않습니다.

이런 저를 아버지의 공의와 제가 받아 마땅한 벌에 따라 처벌하신다면, 저는 철저히 정죄받게 될 것이요 당황하여 어쩔 줄 모를 것입니다. 그러나 아버지께서 무한하신 긍휼로 저를 이토록 오랫동안 살려두시고 제가 회개할 것을 기다리시니 감히 이렇게 엎드려 간구합니다.

예수 그리스도께서 저를 위해 흘리신 보혈을 기억하사 제가 지은 모든 죄를 용서해 주시고 항상 흐르는 그리스도의 보혈의 샘을 제게 열어주소서. 신약에서 다윗의 집에 속한 자들 중 참회하는 자들에게 열어주겠다고 약속하신 그 보혈의 샘을 제게도 열어주소서. 그래서 이생에서는 제 수치요 내생에서는 아버지의 심판대 앞에서 저를 정죄하게 될 저의 모든 죄와 불결함을 그리스도의 피에 씻고, 그리스도의 죽으심과 함께 장사지내며, 그리스도의 상처 속에 그 죄들을 숨겨 아버지께서 더 이상 보실 수 없게 해주옵소서.

하나님 아버지, 아버지께서 아시는 바와 같이 주께서 은혜를 허락하사 회개할 마음을 주시지 않으면 아무도 아버지께로 그 마음을 돌이킬 수 없습니다. 또 아버지께서는 저더러 의롭고 거룩하게 되라고 명하시는 것만큼 쉽게 저를 의롭고 거룩하게 만드실 수 있습니다. 그러니 오, 하나님 아버지, 아버지께서 명하신 것을 행할 수 있는 은혜를 제게 허락하시고 제가 행하기 원하시는 것을 제게 명하시옵소서. 그러면 제가 아버지의 복되신 뜻을 기꺼이 행하겠습니다.

이 목적을 이루기 위해 택함받은 모든 백성에게 이 세상 끝날까지 함께하게 해주겠노라고 약속하신 그 성령을 제게도 허락해 주소서. 또한 동일하신 성령을 통해 제 마음을 깨끗하게 하시고, 저의 타락한 본성을 치료하사 거룩하게 만드시며, 저의 영육을 성별하여 주소서. 그래서 그것들이 모두 성령의 전이 되어 평생 동안 거룩하고 의롭게 아버지를 섬길 수 있게 해주시옵소서. 그리고 성령의 도우심과 인도로 순간처럼 짧은 이생을 다 마치는 날, 기쁘게 이 세상을 떠나 주 예수 그리스도를 사랑하고 그분의 오심을 기다리는 모든 택한 성도를 위해 예비하신 하늘나라에서 주님과 함께 영생을 누릴 것이라는 확신 아래 제 영혼을 하늘 아버지의 손에 맡길 수 있게 해주소서.

오, 하나님 아버지, 간구하옵나니 성령이 제 안에 역사하심으로써 제가 진실로 회개하게 해주시옵소서. 과거에 범한 모든 죄로 인해 눈물 흘리며 탄식할 수 있게 하시고, 현재 범하는 죄에 대해서는 애통하는 심령으로 아버지 앞에 엎드리게 하시며, 앞으로 남은 기간 동안에는 어떻게 해서든지 그와 같은 죄를 또다시 범하지 않도록 애쓰게 해주시옵소서. 동일하신 성령으로 저를 보호하사 어떤 오류나 거짓 예배에도 빠져들지 않고 늘 주의 교회에 속한 자가 되게 하사 주의 말씀의 진리 가운데로 인도해 주소서.

성령으로 저의 눈을 환히 밝히사 아버지의 기이한 율례들을 볼 수 있게 하시고, 저의 입술을 열어 매일 아버지의 진리를 변호하며 아버지를 찬양할 수 있게 해주소서. 그 긍휼하심으로 이미 제 안에 허락해 주신 아버지의 선하신 은사들을 더욱더 증진시켜주시고 인내의 정신, 사랑하는 마음, 지족하는 마음, 순전한 사랑, 지혜로운 행동 등을 허락해 주시며, 아버지께서 보시기에 진심으로 아버지를 경외하고 기쁘시게 해드리는 삶을 사는 데 필요하다고 생각되는 모든 은혜를 내려주소서. 그래서 죽든지 살든지 저의 하나님이시요 구세주 되신 주님을 위해 죽고 살 수 있게 해주소서.

여호와 하나님, 그동안 이생과 내생을 위해 저의 영육 간에 필요한 모든 축복과 은혜를 그토록 풍성히 부어주신 것에 대해 마땅히 드려야 할 감사를 드립니다. 저를 창조하사 주의 백성으로 택하시고, 저를 불러 구원하사 의롭다 칭하시고 성화시켜주시며, 어릴 때부터 이날 이때에 이르기까지 보호해 주시니 참으로 감사드립니다. 또한 제가 영화롭게 될 것에 대해 이처럼 확실한 소망을 주시니 감사드리며, 아울러 그동안 제게 허락하신 건강과 부요와 식량과 의복과 번영에 대해 감사드립니다. 오늘 하루도 영육 간의 모든 위험으로부터 저를 보호해 주시고 제게 필요한 모든 것을 선한 것으로 채워주시니 감사드립니다.

아버지께서 사람이 낮에는 돌아다니고 밤에는 쉴 수 있도록 밤낮을 정하셨으니, 이 밤의 수면과 휴식까지도 거룩하게 만드사 아버지의 축복과 은택을 받아 누릴 수 있게 해주소서. 적당한 수면과 휴식으로 이 둔하고 곤한 육신이 새 힘을 얻어 내일 아침 아버지께서 그 능력으로 저를 깨워주실 때 아버지께서 정하신 모든 선한 일을 행하는 가운데 보다 나은 삶을 살 수 있도록 도와주시옵소서.

졸지도 주무시지도 않으시면서 이스라엘을 지키시는 아버지, 제가 잠자는 동안 아버지의 거룩하신 섭리로 저를 지키사 모든 위험으로부터 보호해 주소서. 사탄의 졸개들이나 다른 어떤 악한 원수도 제게 악이나 해를 가하지 못하게 해주소서. 이 목적을 위해 아버지께서 주의 이름을 두려워하는 자들에 대해 약속해 주신 것처럼, 아버지의 거룩한 천사들로 하여금 저를 둘러 진 치게 하사 안전하게 보호해 주소서. 아버지를 믿는 모든 자에게 주의 이름은 강한 방패가 되오니 여기 저 자신과 제게 속한 모든 것을 아버지의 거룩하신 보호와 돌보심에 맡깁니다.

제가 잠자는 동안 저를 불러 가시는 것이 아버지의 복되신 뜻이라면 그리스도를 기억하사 긍휼을 베푸시고 제 영혼을 하늘나라로 영접해 주소서. 또 제가 이생에서 몇 날 더 머무는 것이 아버지의 기쁘신 뜻이라면 그 기간 동안 저를 더욱더 변화시키사 이 마음이 세상과 세상의 헛된 것들을 사랑하지 않게 해주시고 하늘과 하늘에 속한 것들에 대한 대화를 더욱더 많이 나눌 수 있도록 도와주소서. 아버지께서 주의 영광을 위해 제 안에서 이미 시작하신 선한 일을 날마다 온전히 이루시며 이 악한 영혼을 온전히 구원해 주소서.

하나님 아버지, 간구하옵나니 주의 거룩한 교회와 이 나라의 통치자와 그의 가족들을 모든 악과 위험으로부터 보호해 주소서. 그들이 모두 주의 진리 안에 있도록 지켜주시고 주의 은혜 안에서 행복과 번영을 누릴 수 있게 해주소서. 이 나라의 교회와 정부의 모든 주관자를 축복해 주시되, 그들의 직분과 부르심에 합당한 은혜들로 한 사람 한 사람 축복해 주소서. 또한 어떤 질병이나 십자가나 재난을 만났다고 생각되는 주의 모든 백성에게 위로와 평강을 내려주소서.

하나님 아버지, 우리 주 예수 그리스도를 속히 보내주시옵소서. 저로 하여금 항상 저의 종말을 생각하게 하사 그때는 제가 아버지께 가서 계산해야 한다는 사실을 기억하게 하소서. 그래서 그때까지 그리스도를 따라 거듭난 삶을 삶으로써 이생이 다하는 날 의로운 자들이 부활할 때 그리스도와 함께 저의 분깃을 받아 누릴 수 있게 해주소서.

하나님 아버지, 아버지께서 제게 꼭 필요하다고 생각하시는 이 은혜는 물론이요 그 외의 다른 모든 축복을 내려주시기를 원하며, 아버지의 아들 예수 그리스도의 이름으로 기도드립니다. '하늘에 계신 우리 아버지, 아버지의 이름을 거룩하게 하시며……. 아멘.'"

간단한 저녁 기도

"영원하신 하나님 아버지, 저는 그동안 복음의 약속들을 통해, 또한 베드로와 막달라 마리아와 세리와 탕자 및 다른 많은 회개한 죄인들의 본보기를 통해 아무리 극악무도한 죄인일지라도 자기 죄를 진심으로 회개하며 애통하는 심정으로 아버지께 돌아서서 은혜를 구하면 아버지께서는 언제든지 그를 불쌍히 여기사 용서해 주신다는 사실을 배웠습니다. 만일 이 진리를 배우지 못했다면 제가 지은 죄로 인해 낙심하여 감히 주의 존전에 나아갈 용기조차 얻지 못했을 것입니다.

저는 그동안 제 마음의 강퍅함과 제멋대로 들쑥날쑥한 사랑과 제가 나누는 대화의 불결함으로 주의 모든 율례를 범했으니 아버지의 저주를 받아 마땅합니다. 그렇게 되면 이 육신은 끔찍한 질병에 걸려 꼼짝 못하게 될 것이요, 제 영혼은 죗값인 사망으로 인해 시들시들해질 것이요, 제 이름은 수많은 사람이 가하는 비난과 질책으로 먹칠을 당하게 될 것이요, 제게 속한 모든 것 위에 온갖 종류의 재난이 임하게 될 것입니다. 실은 이미 오래전에 이런 수치스러운 꼴을 당했어야 하는데, 순전히 아버지의 긍휼하심 때문에 당하지 않은 것뿐입니다.

오, 나의 하나님, 이처럼 오직 주의 긍휼 때문에 주의 심판이 제게 임하지 않는 것을 압니다. 따라서 아버지께서 기뻐하시는 예수 그리스도의 긍휼을 힘입어 간구하오니, 제가 받아 마땅한 처벌대로 저를 처벌하지 마시고 저의 모든 죄와 과실을 값없이 온전히 용서해 주소서. 아버지의 아들 예수 그리스도께서 저를 위해 흘리신 보혈의 공로를 기억하사 제게서 그 죄들을 말끔히 도말하소서. 오직 예수 그리스도만이 의원이시요, 그리스도의 보혈만이 제 질병을 치료할 수 있는 약이기 때문입니다. 또한 예수 그리스도께서는 무서운 죄의 불뱀들이 병들고 상한 영혼을 물어 퍼뜨린 독을 치료할 수 있는 참 놋뱀이시기도 합니다.

하나님 아버지, 간구하옵나니 제게 주의 성령을 허락하사 제가 아버지의 양자임을 확신시켜주시고, 저의 믿음을 키워주시고, 저로 하여금 더욱더 회개케 하시고, 더욱더 명철하게 하시고, 저의 마음을 순전케 하시고, 저의 의지와 감정을 바로잡아주시며, 저를 온전히 거룩하게 만들어주소서. 그래서 우리 주 예수 그리스도께서 영광 가운데 다시 오실 그날까지 저의 온몸과 영혼이 흠 없이 보존될 수 있게 해주소서.

하나님 아버지, 아버지께서 저의 모든 죄와 제가 받아 마땅한 벌에도 불구하고, 오늘 이처럼 저를 모든 해악과 위험으로부터 지켜주시니 참으로 감사 찬양을 드립니다. 간구하옵나니 이 밤에도 저를 삼키고자 밤낮으로 우는 사자처럼 돌아다니는 사탄으로부터 저를 보호해 주소서.

오, 하나님 아버지, 이 밤에도 저를 지켜보사 사탄의 유혹과

횡포로부터 보호해 주시고, 주의 긍휼의 방패로 사탄의 극악한 분노와 악독으로부터 저를 지켜주소서. 이 목적을 위해 저 자신을 아버지의 보호의 손길에 의탁합니다. 사탄과 그의 악한 졸개 중 어느 누구도 이 밤에 저를 해하거나 제게 폭력을 행사하지 못하게 하소서.

선하신 여호와 하나님, 제가 자든지 깨든지, 살든지 죽든지 주를 위하고, 주의 이름의 영광을 위하고, 그리고 제 영혼의 구원을 위하게 하소서. 그리고 온 세계에 퍼져 있는 주의 택한 모든 백성을 축복하시고 보호해 주소서. 우리나라의 주권자가 이 백성을 잘 다스릴 수 있도록 도와주시고 이 교회와 이 나라 주관자들을 축복해 주소서. 재난을 당하거나 궁핍에 처해 있거나 질병에 든 자들을 위로해 주소서.

선하신 여호와 하나님, 제게 은혜를 베푸사 지혜로운 처녀처럼 하늘나라의 신랑 되신 우리 주 예수 그리스도께서 영광 중에 갑자기 재림하실 때 잘 맞이할 수 있도록 제 마음의 등잔을 항상 믿음의 기름과 선행의 등불로 가득 채우는 자가 되게 해주소서.

선하신 하나님 아버지, 저의 유일하신 구세주이시요 중보자 되신 예수 그리스도를 기억하사 이것을 제게 허락해 주소서. 우리 주 예수 그리스도의 복되신 이름으로 그리스도께서 친히 가르쳐주신 기도로 기도드립니다. '하늘에 계신 우리 아버지, 아버지의 이름을 거룩하게 하시며…….' 주 예수 그리스도의 은혜와 하나님 아버지의 사랑과 거룩하신 성령님의 위로가 이 밤과 또한 영원히 저와 함께하고 제 마음에 거하기를 간구합니다. 아멘."

저녁 묵상을 위한 조언

기도를 드린 뒤에는 하나님을 경외하는 거룩한 마음으로 일어나 옷을 벗으며 다음과 같은 사실들을 묵상하십시오.

첫째, 지금 이렇게 옷을 벗듯이 언젠가는 이 세상에서 우리가 갖고 있는 모든 것을 다 벗어야만 한다는 사실, 그때까지 청지기로서 잠시 그 모든 것을 사용하고 있을 뿐이라는 사실, 그날이 오면 그것들을 어떻게 사용했는지 계산해야 한다는 사실(눅 16:2), 따라서 청지기로 지내는 동안 지혜롭고 신실하게 살아야만 한다는 사실(마 24:45)을 기억하십시오.

둘째, 자신의 침상을 바라볼 때 자신의 무덤을 생각하십시오(욥 17:13). 그것은 지금 그리스도의 침상입니다. 그리스도께서는 무덤에서 사흘 동안 누워 계심으로써(마 12:40) 부활의 아침이 올 때까지 그분의 성도들이 거기서 잠자며 쉴 수 있도록 무덤을 거룩하고 따뜻한 침상으로 만들어놓으셨습니다(살전 4:13). 그래서 이제 주를 믿는 신실한 자들은 그리스도의 침상인 무덤에서 달콤한 잠인 사망에 빠져 즐거운 부활의 아침이 밝아올 때까지(사 26:20) 평안히 쉬며 잠잘 수 있게 되었습니다(사 57:2).

따라서 그 이부자리는 앞으로 우리를 덮을 이 땅의 흙이요, 침대 시트는 시체를 쌀 천이요, 수면은 사망이요, 아침에 깨는 것은 부활이라 생각하고 잠자리에 누워 졸음이 오면 "내가 평안히 눕고 자기도 하리니 나를 안전히 살게 하시는 이는 오직 여호와이시니이다"(시 4:8)라고 말하며 잠드십시오.

이처럼 하나님의 말씀과 기도를 자물쇠와 열쇠로 삼아 매일 아침마다 열쇠로 마음 문을 열고, 매일 저녁마다 자물쇠로 마음 문을 잠그십시오. 그리고 그날 하루를 하나님께 대한 예배로 시작해서, 하루 종일 그분을 경외하는 마음으로 계속 예배를 드리다가, 주께서 기뻐하시는 가운데 그날 하루를 마무리하십시오. 그러면 그날 한 모든 수고와 선한 노력에 하나님의 축복이 임했음을 분명히 보게 될 것입니다. 그리고 밤에는 하늘 아버지의 섭리의 두 팔에 안겨 편안하고 달콤한 잠을 즐기십시오.

The Practice of Piety

I consider everything a loss compared to the surpassing
Greatness of Knowing Christ Jesus my Lord (Philippians 3:8)

모든 것을 해로 여김은 내 주 그리스도 예수를
아는 지식이 가장 고상하기 때문이라 (빌립보서 3:8)

사명선언문

너희가 흠이 없고 순전하여……세상에서 그들 가운데 빛들로
나타내며 생명의 말씀을 밝혀 _ 빌 2:15-16

1. 생명을 담겠습니다
만드는 책에 주님 주신 생명을 담겠습니다.
그 책으로 복음을 선포하겠습니다.

2. 말씀을 밝히겠습니다
생명의 근본은 말씀입니다.
말씀을 밝혀 성도와 교회의 성장을 돕겠습니다.

3. 빛이 되겠습니다
시대와 영혼의 어두움을 밝혀 주님 앞으로 이끄는
빛이 되는 책을 만들겠습니다.

4. 순전히 행하겠습니다
책을 만들고 전하는 일과 경영하는 일에 부끄러움이 없는
정직함으로 행하겠습니다.

5. 끝까지 전파하겠습니다
모든 사람에게, 땅 끝까지, 주님 오시는 그날까지
복음을 전하는 사명을 다하겠습니다.

서점 안내

광화문점	서울시 종로구 새문안로 69 구세군회관 1층 02)737-2288 / 02)737-4623(F)
강남점	서울시 서초구 신반포로 177 반포쇼핑타운 3동 2층 02)595-1211 / 02)595-3549(F)
구로점	서울시 동작구 시흥대로 602, 3층 302호 02)858-8744 / 02)838-0653(F)
노원점	서울시 노원구 동일로 1366 삼봉빌딩 지하 1층 02)938-7979 / 02)3391-6169(F)
일산점	경기도 고양시 일산서구 중앙로 1391 레이크타운 지하 1층 031)916-8787 / 031)916-8788(F)
의정부점	경기도 의정부시 청사로47번길 12 성산타워 3층 031)845-0600 / 031)852-6930(F)
인터넷서점	www.lifebook.co.kr